HEYNE BÜCHER

HEYNE RATGEBER

Eine Auswahl lieferbarer
HEYNE-RATGEBER UND PRAKTISCHER BÜCHER
in dieser Reihe
finden Sie auf den letzten Seiten dieses Bandes

RENATE EBERMANN

DAS HEYNE-GYMNASTIKBUCH

150 Übungen, um fit, schlank und gesund zu bleiben

Mit 250 Zeichnungen
von
Renate Dolz

Originalausgabe

WILHELM HEYNE VERLAG
MÜNCHEN

HEYNE-BUCH Nr. 4362
im Wilhelm Heyne Verlag, München

5. Auflage

Printed in Germany 1975
Umschlagentwurf: Atelier Heinrichs, München
Umschlagfoto: Atelier Günter Becker, München
Foto auf der Umschlagrückseite: JAHRESZEITEN-VERLAG, Hamburg
Gesamtherstellung: Ebner, Ulm

ISBN 3-453-41032-7

Inhalt

Gymnastik macht Spaß!

Wenn man insgeheim den Gürtel immer wieder um ein Loch weitermachen muß, wenn's im Kreuz sticht und die bleiernen Beine den Dienst zu versagen drohen, sehnt man sich nach dem einstigen jugendlichen Schwung, nach Elastizität und Spannkraft. Resignierend gesteht sich manch einer ein, daß er körperlich zu träge geworden ist und nun wohl oder übel in den sauren Apfel beißen muß – nämlich Gymnastik treiben! Düstere Aussichten!

Sie werden es nicht glauben – Gymnastik kann auch Spaß machen! Vor allen Dingen dann, wenn sich Erfolge bemerkbar machen.

Dieses Buch ist in Ihre Hände geraten. Vielleicht hat man es Ihnen geschenkt als kleinen Wink mit dem Zaunpfahl? Oder Sie haben es sich selbst gekauft, weil Sie sich schon rein geistig auf Gymnastik eingestellt haben? Verwandeln Sie den Willen in die Tat, und schieben Sie den Entschluß nicht auf die lange Bank! Wenn Sie einmal mit Gymnastik begonnen haben, dann ist es nicht mehr so schlimm, damit fortzufahren. Nur der Anfang ist schwer!

Zunächst stellt sich allerdings die Frage: Womit soll man beginnen? Bauchmuskelübungen sind für jeden gut! Aber hapert es nun mehr in der Hüftgegend, oder soll man sich mehr um die Wirbelsäule kümmern? Wer kennt sich da aus?

Am besten ist es, wenn Sie den Spiegel befragen! Stellen Sie sich davor, und prüfen Sie, ob die Schultern nach vorn sinken, ob sich da und dort *Speck angesammelt* hat, ob die Leisten schon durchgestreckt sind und überall das *Gewebe fest und elastisch* wirkt. Jetzt können Sie sich schon allerhand Übungen ankreuzen, nicht wahr?

Dann lehnen Sie sich einmal fest mit dem Rücken gegen die Wand, wobei die Fersen die Wand direkt berühren sollen. Strecken Sie fest die Knie durch, und versuchen Sie, mit der Hand zwischen Gürtellinie und Wand hindurchzurutschen. Falls Ihnen das gelingt, sollten Sie sich eingehend mit den *Wirbelsäulenübungen* befassen!

Bleiben Sie doch noch einen Moment an der Wand stehen. Versuchen Sie jetzt die Gürtellinie mit Kraft gegen die Wand zu drükken und gleichzeitig auch beide Schultern. Geht dies nicht, dann sind die *Schulterübungen* dringend vonnöten!

Die richtige Kopfhaltung können Sie ausprobieren, wenn Sie den Hinterkopf so gegen die Wand lehnen, daß das Kinn waagerecht gehalten werden kann. Fällt Ihnen das schwer, dann wird es hohe Zeit, sich mit *Kopf- und Schulterübungen* eingehend zu beschäftigen!

Bitte, warten Sie noch einen kleinen Moment — ich muß Ihnen doch noch etwas über die *Atmung* erzählen! Wissen Sie, wie man richtig atmet?

Ich sehe schon, daß Sie versuchen, mit hochgezogenen Schultern die Lungen vollzupumpen und dabei den Bauch einziehen. Das ist leider falsch! Gott sei Dank atmen Sie richtig, wenn Sie schlafen oder unbewußt atmen, sonst wären Sie wahrscheinlich schon längst tot. Aber damit die Gymnastikübungen richtig wirken, müssen wir lernen, bewußt richtig zu atmen.

Am besten lernen wir es so: Legen Sie sich flach auf den Rücken, die Füße rechts und links vor dem Becken aufgestellt, wobei die angewinkelten Beine etwas offengehalten werden. Legen Sie die Hände auf den Bauch (der Bauch ist *unterhalb* des Nabels, bitte!). Wenn Sie nun ausatmen, dann blasen Sie die Luft so heraus, als ob Sie eine weit entfernte Kerze auspusten wollen. Dabei spannen Sie von ganz tief unten die Bauchmuskeln fest an und drücken gleichzeitig mit Kraft das Kreuzbein fest auf den Boden. Ihr Bauch müßte nun eigentlich völlig verschwunden sein. Dann entspannen Sie die Bauchmuskeln einfach und lassen, ohne Anstrengung, die Luft wieder einströmen, wobei der Rücken ebenfalls nachgibt. Nun wölbt sich der Bauch nach oben.

Wenn Sie so das Ein- und Ausatmen eine Weile geübt haben, können Sie mit den gymnastischen Übungen beginnen.

Übrigens — wenn Sie Schwierigkeiten beim Einschlafen haben, dann versuchen Sie doch die obige Atemübung mal im Bett. Sie werden sich wundern, wie schnell Sie danach Schlaf finden!

Gymnastik soll ja Spaß machen! Versuchen Sie, keine Rekordleistungen zu erzielen. Das ist weder gesund noch wirksam. Lustiger ist es natürlich, wenn Sie nicht allein üben. Vielleicht können Sie eine Familiengymnastikstunde arrangieren? Dann kann gleich einer auf den anderen aufpassen, damit keine Mogeleien einreißen. Und stellen Sie das Radio dazu an; *mit Musik geht auch Gymnastik besser!*

Ob Sie nun zweimal in der Woche eine halbe Stunde üben oder täglich zehn Minuten, das müssen Sie sich selbst einteilen. Leider sind immer gerade die Übungen für Sie besonders nötig, die Ihnen nicht gleich gelingen wollen. Aber geben Sie nicht nach! Es ist völlig unwichtig, ob die Übung bei Ihnen schön aussieht. Die Hauptsache ist nur, daß sie richtig gemacht wird. Wenn Sie nun wirklich bei der Stange bleiben, dann werden auch Sie in kurzer Zeit den Erfolg spüren. Mit Freude werden Sie bald feststellen, daß Ihr Körper sich strafft und Ihre Muskeln an Bewegung plötzlich Spaß finden. Vielleicht bemerken Sie bei sich auf einmal besonders gute Laune!

Schieben Sie ganz schnell Ihre Vorurteile beiseite. Und nun keine Ausreden mehr, bitte fangen Sie gleich an! Ich wünsche Ihnen mit meiner Gymnastik viel Erfolg!

Renate Ebermann

Vorbemerkungen

Die Zuordnung zu den verschiedenen Kapiteln ist natürlich nicht so gemeint, daß ausschließlich nur diese Region des Körpers trainiert wird, von der gerade gesprochen wurde. Sie werden merken, daß z. B. eine Hüftübung gleichzeitig eine gute Wirkung auf die Wirbelsäule hat, und daß eventuell eine Bauchmuskelübung auch gut für die Beine ist usw. Ich halte es da ein bißchen wie weiland das tapfere Schneiderlein: Nicht gerade ›7 auf einen Streich‹, sondern, besser gesagt, ›2 oder 3 auf einen Streich‹. Ich habe die Übungen dorthin eingeteilt, wo ich erfahrungsgemäß die größte Wirkung erkannte.

Was die Tempobezeichnungen betrifft, so meine ich, daß es nicht unwichtig ist, wie schnell oder wie langsam eine Übung ausgeführt wird. Wenn ich also von ›langsamen 4 Zeiten‹ schreibe, dann zählen Sie doch einfach langsam bis 4, wenn Sie eine Phase üben. Manchmal geht es auch um Dreier- oder Vierer-Takte. Dann zählen Sie also einfach, je nachdem wieviel Takte angegeben sind, sovielmal bis drei oder vier. Schwungvoller wird die Sache natürlich, wenn Sie dazu Musik hören und im Rhythmus mitüben.

Renate Dolz hat sich sehr viel Mühe gegeben, die Zeichnungen genau nach den Bewegungsfunktionen auszuführen. Die Ansatzpunkte für die Kraft hat sie mit Pfeilen deutlich gemacht. Diese Pfeile sind also nicht nur ungefähr in der Gegend, die gemeint ist, sondern haargenau an der rechten Stelle! Wenn Ihnen das nun nicht gleich gelingen sollte, dann verzweifeln Sie nicht — Rom ist auch nicht an einem Tag erbaut worden!

Zuletzt erinnere ich mich an die immer wiederkehrenden Fragen: »Wo ist denn das Kreuzbein?« und »Wo sind eigentlich genau die Leisten?« Um diese Fragen, deren Beantwortung zum Verständnis dieses Buches nötig ist, zu klären, habe ich hier eine Skizze beigefügt, die Ihnen helfen wird.

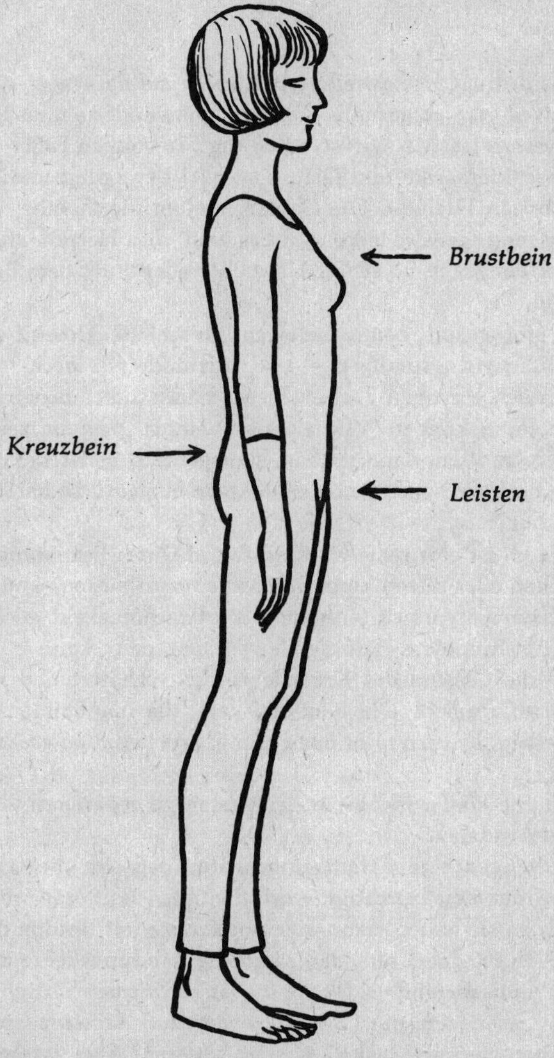
Brustbein
Kreuzbein
Leisten

Ein Bauch ist manchmal gar keiner!

Natürlich will ich nicht bestreiten, daß es solche Bäuche gibt, die entstehen, weil man zu gerne Leckereien genießt oder ein zu guter ›Futterverwerter‹ ist, wie man so schön sagt. In solchen Fällen helfen nur Charakterstärke und Diät, dazu viel Bewegung und eine gehörige Portion Eitelkeit. Die Damen merken die Gefahr leicht an den zu eng gewordenen Röcken, und die Herren stehen plötzlich vor der Frage, ob sie die Hose über oder unter dem Bauch tragen sollen.

Aber da gibt es auch Leute, die eigentlich schlank gemeint sind, die nicht kulinarisch sündigen — und sich doch nur noch voller Wehmut an den einstigen flachen, festen Bauch, der ihnen früher gehörte, erinnern können. Wenn sie sich einmal prüfend seitlich im Spiegel betrachten, dann müßten sie eigentlich feststellen, daß sich zudem noch ein sogenanntes Hohlkreuz eingedrückt hat! Wie kommt das nur?

Dieser Bauch ist eine reine Haltungsfrage! Durch Ermüdung bei langem Stehen oder Sitzen kippt das Becken nach hinten, wodurch das Kreuzbein nach innen sinkt und die Bauchmuskeln gedehnt werden. Bleibt nun diese Haltung Gewohnheit, dann kann es passieren, daß die Gegend des Kreuzbeins sich verhärtet und nicht mehr elastisch reagiert. Die Bauchmuskeln, die nun immer ausgedehnt bleiben, können nicht mehr richtig arbeiten, und es siedelt sich Fett an.

Diese Bäuche sind wirklich am leichtesten zu reparieren — nur gehört dazu Ausdauer!

Meine Übungen sind darauf eingerichtet, daß sich die falsche Haltung mit der Zeit berichtigt. Auch die guten ›Futterverwerter‹ können sich an sie halten, denn ihnen helfen sie mit Bestimmtheit auch! Tragisch ist dabei nur, daß sämtliche Bauchmuskelübungen leider recht mühsam sind. Muskeln, die lange Zeit beschäftigungslos waren, lassen sich nur ungern wieder zur Arbeit zwingen. Zuerst werden sie mit Muskelkater protestieren. Aber lassen Sie sich dadurch nicht schrecken — denken Sie daran, dies ist der erste

Schritt zum Erfolg! Gleichzeitig können Sie mit kalten Duschen und Bürstenmassagen Haut und Gewebe elastisch erhalten.

Beachten Sie aber bitte auch die richtige Atmung! Die richtige Atemführung verlegt den Impuls zum Ansatz der Bewegung an die richtige Stelle und hilft Ihnen bei der Ausführung der Übung. Wenn Sie sorgfältig darauf achten, werden Sie bemerken, daß Sie sich anschließend erfrischt und entspannt fühlen!

Nun habe ich noch ein ernsteres Wort an die *Mütter* zu richten: Während der Zeit der Schwangerschaft gehen Sie brav in die vom Arzt empfohlene Schwangerschaftsgymnastik. Sie haben von schmerzloser Geburt gehört, und außerdem soll es auch für das Baby gut sein. Kaum haben Sie aber die Geburt hinter sich gebracht, verschwenden Sie keinen Gedanken mehr an den eigenen Körper. Dabei ist es nun besonders wichtig, mit gezielter Gymnastik die frühere Figur wieder herzustellen. Die gedehnten Muskeln müssen wieder gestrafft, die Bänder wieder gefestigt werden. Ohne Gymnastik dürfte dies schwerlich wieder in Ordnung kommen. Schieben Sie den Entschluß nicht hinaus, und entschuldigen Sie sich nicht mit fehlender Zeit! Die kleine Viertelstunde können Sie bestimmt arrangieren. Am besten, erst einmal einen Monat lang täglich! Später genügt zweimal die Woche, um fit zu bleiben.

1. Die Bauchmuskeln festigen sich bei dieser Übung:
Wir setzen uns mit an die Brust herangezogenen Knien auf den Boden und umschlingen die Knie mit den Armen. Die Fußspitzen sind gestreckt, aber berühren nicht den Boden! Mit gleichzeitigem Einatmen strecken wir nun die Beine schräg zur Decke aus und breiten die Arme zur Seite, und (sehr wichtig!) wir versuchen, den Rücken zu einem ›Hohlkreuz‹ durchzudrükken. Mit dem Ausatmen beugen wir wieder die Knie zur Brust und umschlingen sie mit den Armen. Wichtig ist es, darauf zu achten, daß die Schultern dabei immer ganz locker bleiben! Zählen Sie langsam bis 4 mit dem Einatmen und wieder bis 4 mit dem Ausatmen.
6 × im angegebenen Tempo.

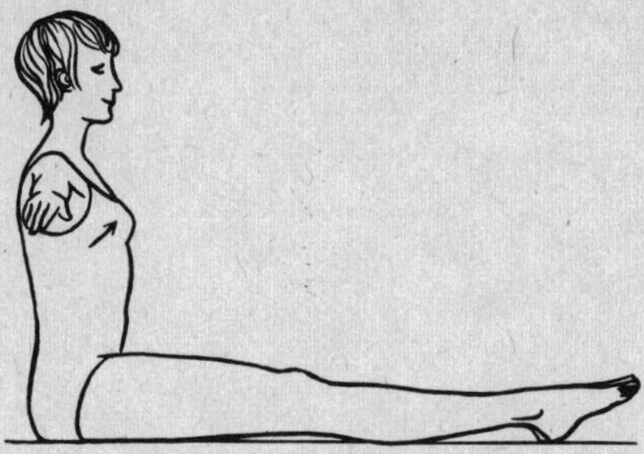

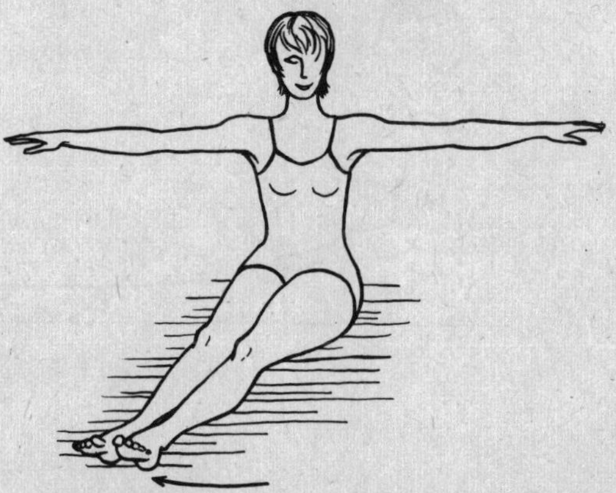

2. Ähnliche Wirkung hat auch folgende Übung:
Wir sitzen mit geschlossenen und gestreckten Beinen aufrecht, die Arme in Schulterhöhe ausgebreitet. Das Brustbein halten wir so hoch wie möglich, und der Rücken ist sehr gerade! In dieser Haltung versuchen wir, die geschlossenen Beine auf dem Boden ein bißchen nach rechts und links zu verschieben, ohne daß der Körper sich auch nur im geringsten bewegt! Nehmen Sie die Kraft zu der Bewegung ausschließlich daher, daß Sie das Brustbein noch ein Stückchen höher drängen. Sie müssen aber beide Beine gleichzeitig bewegen, sonst ist die Übung sinnlos.
8 × jeweils im langsamen Dreiertempo.

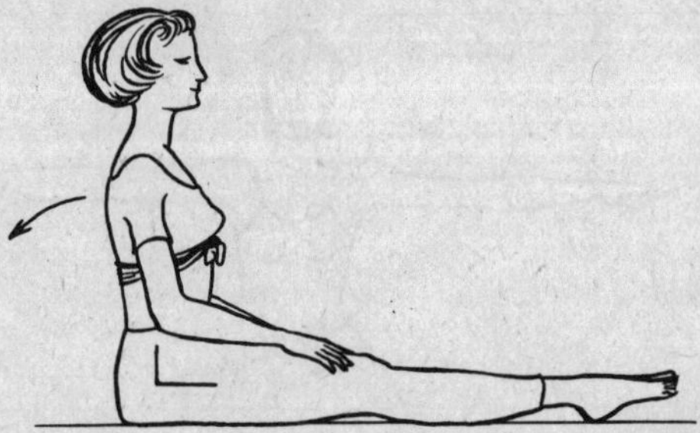

3. Für eine gute Haltung sorgen wir damit:
Wieder sitzen wir mit geschlossenen Beinen aufrecht auf dem Boden. Oberkörper und Beine bilden einen rechten Winkel. Also bitte, ganz aufrechter, durchgedrückter Rücken! Die Hände liegen auf den Oberschenkeln. Ohne nun den rechten Winkel zu verändern, kippen wir auf den Rücken, so daß die Beine senkrecht zur Decke zeigen — und wieder zurück zum Sitzen. Achten Sie bitte darauf, daß Beine und Oberkörper niemals einen stumpfen Winkel bilden! Zählen Sie für jede Phase 4 Zeiten.
8 × im angegebenen Tempo.

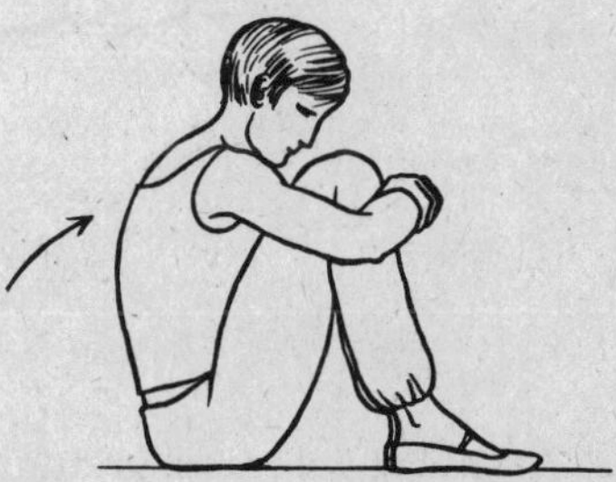

4. Wenn Ihnen folgende Übung nicht mehr gelingt, ist das ein Alarmzeichen:
Nun liegen wir mit geschlossenen und gestreckten Beinen auf dem Rücken. Die Arme sind in Schulterhöhe ausgebreitet, berühren aber nicht den Boden. Jetzt kommen Sie blitzschnell zum Sitzen und umschlingen mit den Armen die inzwischen angewinkelten Beine – dabei ausatmen! Dann legen wir uns wieder schnell in die Ausgangsstellung zurück – dabei einatmen. *8 × im Marschtempo.*

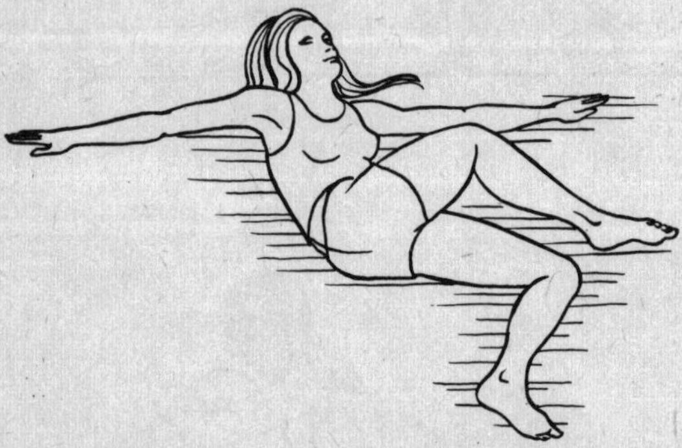

5. Diese Atemübung massiert kräftig die Bauchmuskeln:
Auf dem Rücken liegend, die Beine schön gestreckt und geschlossen, haben wir die Arme genau in Schulterhöhe ausgebreitet, die Handflächen liegen auf dem Boden. Wir müssen nun darauf achten, daß die Schultern immer auf dem Boden bleiben, beide! Mit einem kurzen Ruck, und indem wir ausatmen, beugen wir auf dem kürzesten Weg das rechte Knie zum linken Ellbogen. Dabei müssen wir die Hüfte weit verdrehen und dürfen ausnahmsweise das andere Bein ein bißchen mitschleifen lassen. Machen Sie dabei den Rücken in der Gegend des Kreuzbeins sehr rund, denn das Knie muß wirklich den Ellbogen berühren! Wieder in die Ausgangsstellung zurück, und dann mit dem linken Knie zum rechten Ellbogen kreuzen.
8 × abwechselnd im Marschtempo.

6. Zur Korrektur der schlechten Mittelkörperhaltung versuchen Sie diese Übung:
Die Hände hinter dem Nacken verschränkt liegen wir auf dem Rücken. Die Beine sind gestreckt und die Fersen fest aneinandergepreßt. Nun wollen wir die geschlossenen Beine gleichzeitig in langsamen 4 Zeiten zur Senkrechten anheben und wieder in 4 Zeiten senken. Das klingt leicht, ist aber eine der schwierigsten Bauchmuskelübungen. Sie schaffen es nur, wenn Sie beim Anheben der Beine gleichzeitig ausatmen, indem Sie die Bauchmuskeln fest anspannen und gleichzeitig das Kreuzbein mit Kraft zum Boden drängen. Wenn Sie die Beine wieder senken, versuchen Sie, das Kreuzbein auf dem Boden zu halten, sonst plumpsen Ihnen die Beine zu schnell wieder herunter.
8 × jeweils in sehr langsamen 4 Zeiten.

7. Dieser Vorschlag bekämpft die Speckansammlung am Bauch: Auf dem Rücken liegend haben wir die Arme genau in Schulterhöhe ausgebreitet. Die geschlossenen und gestreckten Beine sind zur Senkrechten erhoben. Nun lassen Sie die beiden Beine langsam zur Seite parallel zum rechten Arm zum Boden sinken. Mit dem Ausatmen versuchen wir nun, das Kreuzbein wieder zum Boden zu drücken und beide Beine zur Senkrechten anzuheben, um sie zur anderen Seite parallel zum linken Arm sinken zu lassen. Ausatmen beim Heben und einatmen beim Senken der Beine. Die Übung ist nur richtig ausgeführt, wenn die Beine immer geschlossen und gestreckt bleiben!
8 × jeweils in 4 langsamen Zeiten.

8. Jetzt kommt eine sehr wichtige Übung, die Sie eigentlich jeden Tag ausführen sollten! Sie bügelt falsche Wirbelsäulenhaltung aus und stärkt die Bauchmuskeln:
   Sie liegen auf dem Rücken mit gestreckten und geschlossenen Beinen. Die Arme sind an den Ohren entlang ausgestreckt und die Hände gefaßt. In 4 langsamen Zeiten richten Sie sich zum Sitzen auf, ohne daß der Kopf aus den Armen herausrutscht! In wiederum 4 langsamen Zeiten rollen Sie dann zum Liegen zurück, jeden Wirbel sorgfältig einzeln auf den Boden abrollend. Am besten heben Sie bei 1 den Kopf, bei 2 drücken Sie deutlich das Kreuzbein zum Boden, um dann bei 3 und 4 zum Sitzen zu kommen. Dabei ausatmen! Beim Abrollen wieder einatmen. Wenn Ihnen diese Übung nicht gleich gelingt, dann schieben Sie doch am Anfang zur Unterstützung Ihre Füße unter den Heizkörper oder einen Schrank. Nach ein paar Wochen schaffen Sie es dann auch ohne Hilfe.
   4 × in langsamen 4 Zeiten.

9. Für Unermüdliche, die gern schwere Übungen machen, sei folgendes vorgeschlagen:
Diesmal liegen wir wieder auf dem Rücken, die geschlossenen und gestreckten Beine zur Senkrechten erhoben. Die Arme strecken wir neben den Ohren aus. Nun heben wir mit einem kurzen Ruck den Oberkörper vom Boden an, daß eventuell die Hände die Füße berühren können, dann wieder in die Ausgangsstellung zurück. Das klingt sehr schwierig, ist aber nicht so schlimm, wenn Sie beim Hochklappen ausatmen und gleichzeitig versuchen, das Kreuzbein zum Boden zu drücken. Die Beine bleiben immer unbeweglich in der senkrechten Haltung. *8 × im eigenen Atemrhythmus.*

10. Eine rigorose Kampfansage gegen den Bauchspeck ist auch:
Wir stehen mit gespreizten Beinen, die Arme zur Decke hochgestreckt und die Hände gefaßt. Indem wir ausatmen, schwingen wir Arme und Oberkörper nach vorn und unten, daß die Arme durch die gespreizten Beine nach rückwärts fliegen. Vielleicht gelingt es Ihnen sogar, den Kopf mit durch die Beine zu schwingen. Dann richten wir uns wieder auf zur Ausgangsstellung, spannen die Beckenmuskulatur fest an und atmen ein. Natürlich bleiben bei dieser ›Holzhacker-Übung‹ die Knie immer gestreckt.
16 × im Marschtempo.

11. Mit besonderer Rücksicht auf eine schlanke Taille gehen wir hier gegen den Bauch an:
Bleiben Sie doch gleich mit gespreizten Beinen stehen, diesmal die Arme in Schulterhöhe ausgebreitet. Nun versuchen Sie, mit der rechten Hand die linke Fußspitze zu berühren. Der linke Arm drückt gleichzeitig nach rückwärts, und wir versuchen, die linke Hand mit dem Blick zu verfolgen. Wieder aufrichten, in die Ausgangsstellung zurück, und die Beckenmuskeln fest anspannen. Dann die linke Hand zur rechten Fußspitze usw. Dabei bleiben die Knie immer gestreckt! Die Fersen dürfen nie vom Platz verrutschen.
8 × abwechselnd im langsamen Dreiertempo.

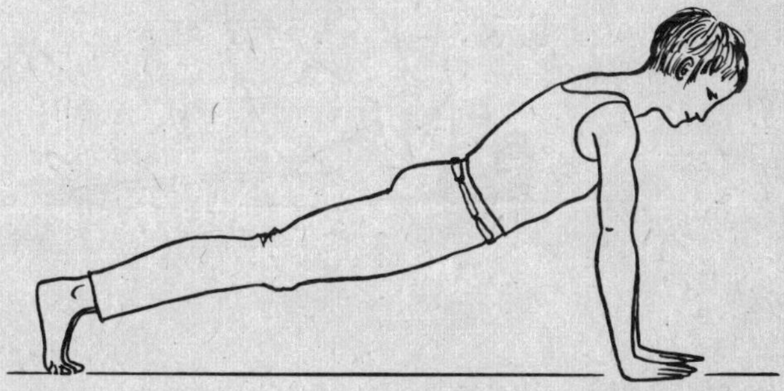

12. Eine gute Ausgleichsübung für solche, die lange sitzen müssen: Gehen wir doch mal in die Hocke, die Füße und Knie geschlossen und die Hände vorne auf dem Boden aufgestützt. Nun springen wir mit den Beinen zurück in den Liegestütz und wieder heran zur Hocke. Das Becken senkt sich nach jedem Sprung so tief wie möglich! Natürlich sollten die Beine im Liegestütz wirklich ganz gestreckt sein. Bitte, denken Sie daran, während dieser Übung immer gleichmäßig durchzuatmen.
16 × in langsam steigerndem Tempo.

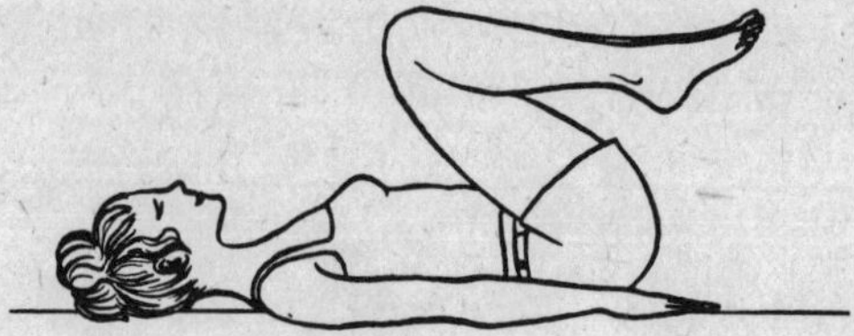

13. Eine wirksame Waffe gegen die falsche Beckenhaltung ist diese Übung:
Auf dem Rücken liegend ziehen wir die gebeugten Beine zur Brust heran. Das Becken bleibt noch am Boden. Die Arme liegen eng am Körper ausgestreckt. Mit dem Ausatmen schwingen wir die Knie zur Nase herauf, daß sich das Becken hoch vom Boden abhebt. Dann wieder in die Ausgangsstellung zurück. Der Kopf bleibt dabei immer am Boden liegen! Der Winkel zwischen Ober- und Unterschenkel bleibt immer gleich – also bitte, nicht nachhelfen und mit den Unterschenkeln wedeln!
8 × im Dreiertempo!

14. Die nächste Übung verstärkt die Wirkung der vorhergehenden: Stützen Sie im Sitzen beide Unterarme rückwärts auf den Boden auf. Die Ellbogen zeigen dabei nach hinten, und die Hände sind flach auf dem Boden ausgestreckt. Versuchen Sie, die Ellbogen so weit nach hinten zu schieben, wie es Ihnen nur möglich ist. Die Beine zeigen, gestreckt und geschlossen, zur Decke hinauf. Aus dieser Haltung heraus versuchen wir, die Beine ein bißchen näher zur Nase zu ziehen, indem wir ausatmen und das Kreuzbein kräftig zum Boden drängen. Beim Einatmen geben wir wieder etwas nach. Natürlich sollen die Beine immer gestreckt bleiben.
8 × im eigenen Atemrhythmus.

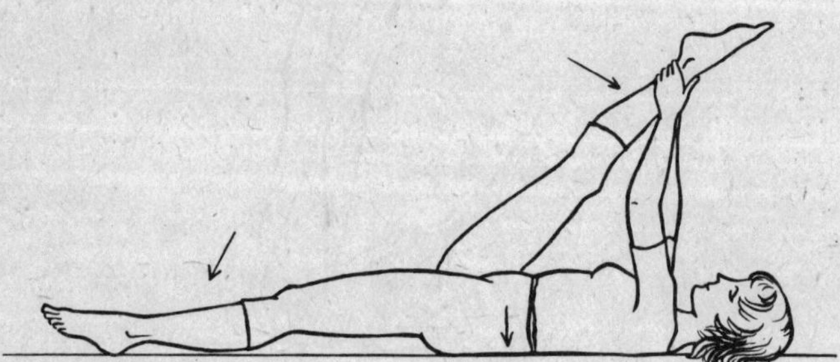

15. Wenn Sie wollen, können Sie jetzt Ihre Mittelkörperkraft fördern:
Nun liegen wir wieder auf dem Rücken. Heben Sie die Beine gestreckt zur Senkrechten hoch und fassen mit beiden Händen das rechte Fußgelenk. Fest zupacken und nicht mehr loslassen! Während wir nun das linke Bein nach vorne zum Boden senken, versuchen wir, das rechte Bein liebevoll zur Nase heranzuziehen. Dann wieder in die Ausgangsstellung zurück. Natürlich sollen beide Beine immer gestreckt bleiben. Schwierig ist dabei, auf dem Rücken liegenbleiben zu können. Also drücken Sie das Kreuzbein fest zum Boden, dann wird es gelingen.
6 × in jeweils langsamen 4 Zeiten und dann die andere Seite.

16. Für die allgemeine Elastizität versuchen Sie dies:
Setzen wir uns mit weit gespreizten Beinen und in Schulterhöhe ausgebreiteten Armen auf den Boden. Gerade Haltung und hocherhobenes Brustbein! Wir drehen das linke Bein von der Hüfte her ein, daß das Knie nach unten zeigt und die Ferse nicht mehr den Boden berührt. Deshalb können wir den Oberkörper über rechts nach rückwärts drehen und die Brust dort auf den Boden legen. Die Arme stützen wir dabei rechts und links neben den Schultern auf dem Boden auf. Dabei atmen wir aus. Wieder zurück in die Anfangshaltung und einatmen. Dann folgt die Übung nach links verdreht usw. Die Beine bleiben bitte immer am gleichen Platz, und die Knie sind selbstverständlich gestreckt.
8 × abwechselnd im eigenen Atemtempo.

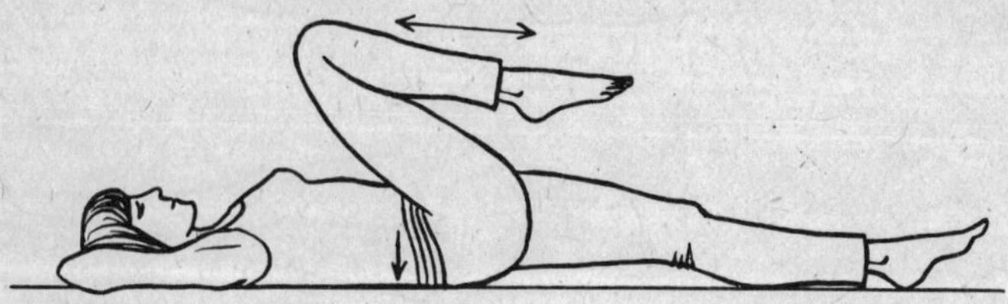

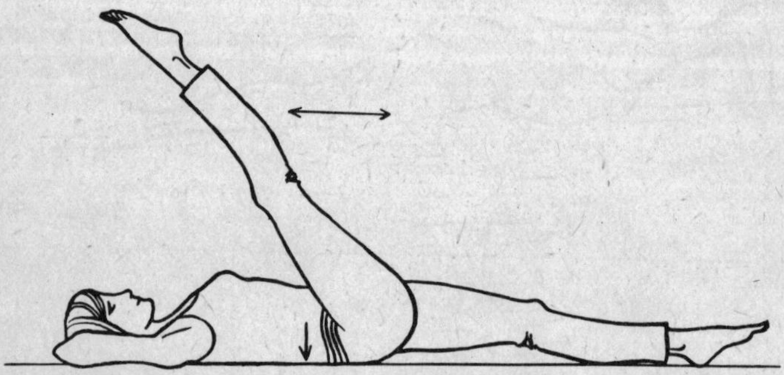

17. Hiermit können wir die Bauchmuskeln kräftig attackieren: Auf dem Rücken liegend falten wir die Hände hinter dem Nacken. Die Ellbogen liegen geöffnet auf dem Boden. Nun wippen wir das rechte Bein – einmal gebeugt, einmal gestreckt – zur Brust heran. Bei jedem Wippen atmen wir aus und drücken sichtbar das Kreuzbein zum Boden. Holen Sie jedesmal weit aus, damit Sie viel Schwung haben. Das andere Bein bleibt gestreckt am Boden!
16 × heranwippen im Walzertempo und dann mit dem anderen Bein üben.

18. Zwischendurch dürfen Sie sich einmal entspannen:
Legen Sie sich ganz gestreckt auf den Rücken, die Arme neben den Ohren ausgestreckt. Jetzt atmen Sie sehr stark aus und rollen sich auf die rechte Seite, beugen die Knie dort an und umschlingen sie mit beiden Armen, wobei die Nase die Knie berührt. Dann wieder zurück zur Anfangshaltung und dabei einatmen. Das nächstemal rollen wir auf die linke Seite usw. Hauptsache muß aber immer das Ausatmen sein!
8 × abwechselnd im eigenen Atemrhythmus.

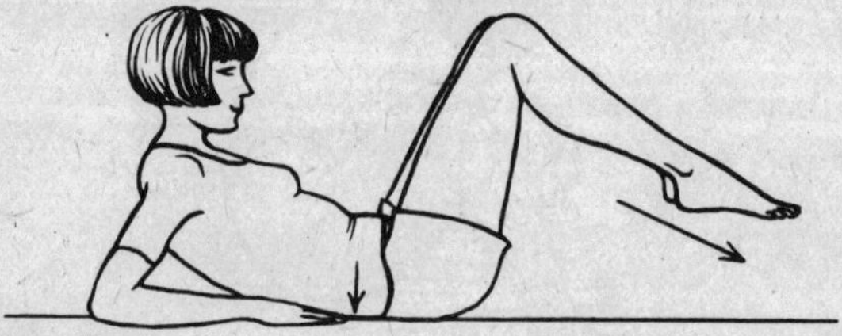

19. Eine Übung für Fortgeschrittene biete ich Ihnen hier an:
Im Sitzen stützen wir unsere Unterarme rückwärts auf dem Boden auf. Schieben Sie, bitte, Ihre Ellbogen so weit wie nur möglich nach hinten! Die Beine sind zur Brust herangebeugt. Nun strecken Sie langsam die geschlossenen Beine nach vorn aus – zwei Zentimeter über dem Boden! Das schaffen Sie nur, wenn Sie dabei das Kreuzbein fest zum Boden drücken. Wieder in die Ausgangsstellung zurück. Beim Strecken einatmen, beim Beugen ausatmen.
8 × jeweils in 4 langsamen Zeiten.

20. Zur Korrektur der Beckenstellung und dazu eine gehörige Bauchmassage:

Stellen Sie im Sitzen Ihre Fußsohlen rechts und links vor Ihrem Becken auf – ungefähr in Schulterbreite. Die Fußspitzen sollen dabei genau nach vorn zeigen, und die Knie sind weit geöffnet. Jetzt strecken Sie Ihre Arme zwischen den Knien nach vorn aus. Nur durch das Ausatmen, indem Sie jedesmal dabei die Bauchmuskeln fest anspannen, fliegt der Oberkörper durch die Knie nach vorn. Bitte, benutzen Sie nicht die Schulterkraft dazu. Nur durch den Impuls des Ausatmens fliegt der Oberkörper mit einer Reflexbewegung nach vorn. Dann wieder aufrichten und einatmen.

8 × im schnellen Dreiertempo.

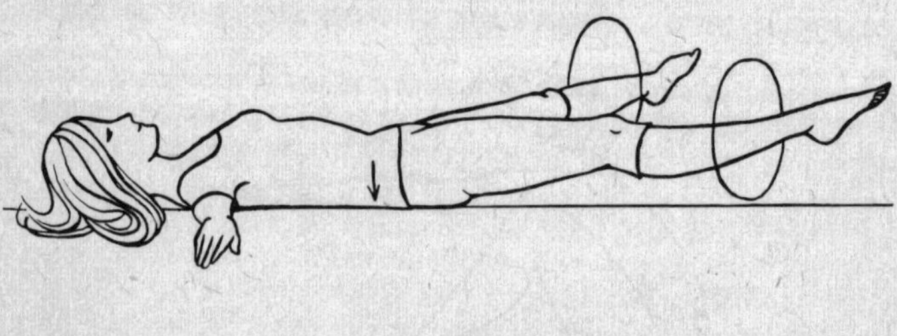

21. Testen Sie einmal, ob Sie bereits zu den Fortgeschrittenen gehören:
Wieder einmal liegen Sie auf dem Rücken, die Arme in Schulterhöhe ausgebreitet und die Beine weit gespreizt. Wenn Sie nun das Kreuzbein fest auf den Boden pressen, können Sie die gespreizten und gestreckten Beine etwa 10 cm vom Boden heben. Bitte nicht höher! Und in dieser Haltung kreisen Sie langsam mit den Beinen in der Luft. Wenn Sie allerdings das Kreuzbein vom Boden lösen, bricht Ihre Kraft zusammen! Trotzdem versuchen Sie, gleichmäßig durchzuatmen.
16 Kreise im Walzertempo sind ideal.

22. Gegen den Speck in der Taille versuchen Sie das:
Stellen Sie sich aufrecht hin, die Arme in Schulterhöhe seitwärts ausgebreitet und die rechte gestreckte Fußspitze seitwärts auf dem Boden aufgestellt. Jetzt führen Sie das gestreckte rechte Bein im Bogen (an der Nase vorbei?) über vorn nach links und stellen die Fußspitze gekreuzt auf dem Boden auf. Dann auf dem gleichen Weg zurück zur Ausgangsstellung. Beide Beine bleiben immer gestreckt, und der Oberkörper bewegt sich dabei überhaupt nicht. Stellen Sie sich vor, Sie hätten ein gefülltes Glas Wasser auf dem Kopf stehen, und kein Tropfen darf verschüttet werden! Bei jedem Heben des Beines die Bauchmuskeln, bitte, fest anspannen.
8 × im Walzertempo, und dann kommt das andere Bein dran.

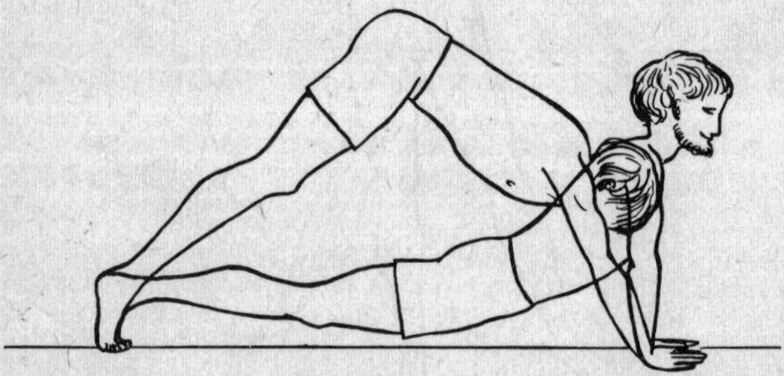

23. Vor allem Herren sei die nächste Übung empfohlen:
Wir beginnen im Liegestütz, die Hände genau unter den Schultern aufgestützt und die Fußspitzen aufgestellt. Die Knie sollen immer gestreckt bleiben. Wenn wir nun ausatmen, heben wir das Becken hoch vom Boden ab. Mit dem Einatmen senken wir das Becken so weit zum Boden wie nur möglich. Die Ellbogen bleiben aber immer schön durchgedrückt.
8 × im eigenen Atemrhythmus.

24. Diese Übung müssen Sie sehr korrekt ausführen:
Legen Sie sich auf die rechte Seite, den rechten Arm unter dem Kopf ausgestreckt und die linke Hand vor der Brust auf dem Boden gestützt. Die Beine sind gestreckt, Bauch- und Beckenmuskulatur fest angespannt, so daß die Leisten ganz flach sind. Jetzt heben Sie das linke Bein zur Senkrechten hoch und lassen es im rechten Winkel zum Körper nach vorn zum Boden sinken. Dann heben wir das linke Bein wieder zur Senkrechten und drücken das Becken nach vorn, wenn wir vorsichtig das Bein nach rückwärts, möglichst auch im rechten Winkel zum Körper, zum Boden senken. Wenn Sie das Bein nach vorn senken, atmen Sie aus, und wenn Sie es nach rückwärts senken, atmen Sie ein.
8 × abwechselnd vor und zurück im eigenen Atemtempo, und dann mit dem anderen Bein üben.

25. Ihr störendes Bäuchlein sollte Sie nicht davon abhalten:
Wir sitzen mit gestreckten Beinen sehr aufrecht und legen die Hände hinter dem Nacken zusammen. Die Ellbogen sind sehr weit geöffnet. Nun beugen Sie das rechte Knie an und versuchen, es mit dem linken Ellbogen zu berühren. Natürlich müssen Sie dabei den Oberkörper verdrehen. Dann das linke Knie anbeugen und mit dem rechten Ellbogen berühren. Zwischendurch sitzen wir immer wieder übertrieben gerade. Wenn Knie und Ellbogen sich berühren, ausatmen, und beim Geradesitzen wieder einatmen.
8 × abwechselnd im Marschtempo.

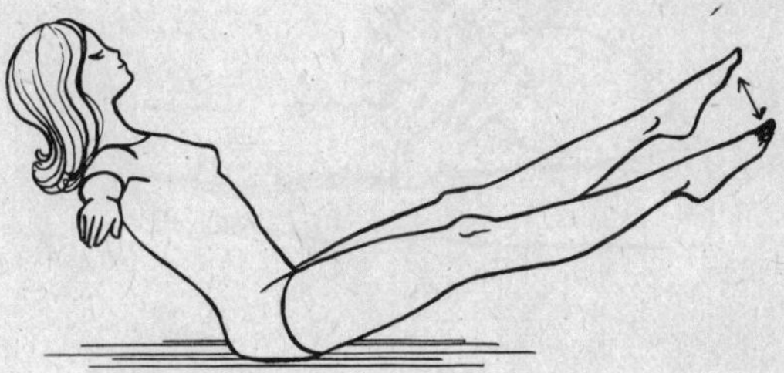

26. Dieser Übung müßte mit der Zeit der letzte Bauchspeck weichen:
Wieder sitzen wir mit gestreckten und geschlossenen Beinen sehr aufrecht. Die Arme sind in Schulterhöhe seitlich ausgebreitet. Jetzt paddeln wir mit den gestreckten Beinen 8 × in der Luft in schnellem Tempo und sitzen dann wieder gerade. Versuchen Sie, beim Paddeln der Beine das Brustbein stark zur Decke zu drängen und den Rücken durchzudrücken, sonst ist die Übung nicht richtig ausgeführt. Das Kinn darf nicht gesenkt werden!
4 × im Polkatempo.

27. Zwischendurch mal wieder eine Entspannungsübung:
Wir sitzen mit gestreckten und geschlossenen Beinen und haben die Hände hinter dem Nacken gefaltet. Die Ellbogen zeigen nach vorn. Jedesmal, wenn wir ausatmen, versuchen wir die Ellbogen nach vorne in Richtung Waden auf den Boden zu wippen. Die Knie bleiben natürlich gestreckt dabei. Versuchen Sie, hierbei den Rücken so rund wie nur irgend möglich zu machen.
16 × im eigenen Atemrhythmus.

28. Zur Abwechslung versuchen Sie es einmal damit:
Wir liegen auf dem Rücken, die Füße rechts und links vor dem Becken auf dem Boden aufgestellt. Die Arme sind in Schulterhöhe ausgebreitet. Die Fußspitzen zeigen genau nach vorn, und die Knie sind weit geöffnet. Jetzt rollen wir den Oberkörper über den rechten Ellbogen zur Seite, umfassen mit der linken Hand das rechte Knie und versuchen so, die Nase dem rechten Knie zu nähern. Dabei ausatmen. Wenn wir wieder in die Ausgangsstellung zurückgehen, atmen wir wieder ein. Dann üben wir zur anderen Seite. Über linken Ellbogen rollen, rechte Hand faßt linkes Knie, und die Nase nähert sich dem linken Knie usw.
8 × abwechselnd im eigenen Atemtempo.

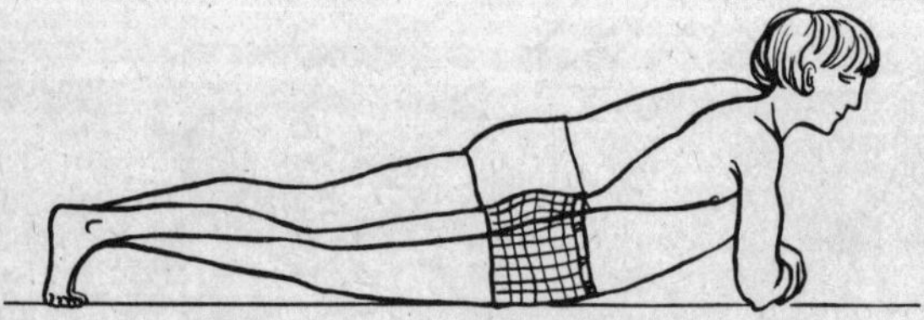

29. Diese Übung strafft nicht nur Ihre Bauchmuskeln, sondern ist auch eine Kontrolle für richtige Atemführung:
Wir liegen auf dem Bauch, die Fußspitzen sind aufgestellt. Die Arme verschränken wir so, daß die Ellbogen genau unter den Schultern auf dem Boden aufgestützt sind. Mit dem Ausatmen heben wir das Becken vom Boden ab, daß wir von den Fersen bis zu den Schultern eine gerade Linie zeigen. Dabei spannen wir Becken- und Bauchmuskeln fest an, damit die Leisten ganz flach werden, und drücken uns mit den Ellbogen vom Boden weg. Die Beine bleiben immer gestreckt. Mit dem Einatmen entspannen wir den Körper wieder.
8 × im eigenen Atemrhythmus.

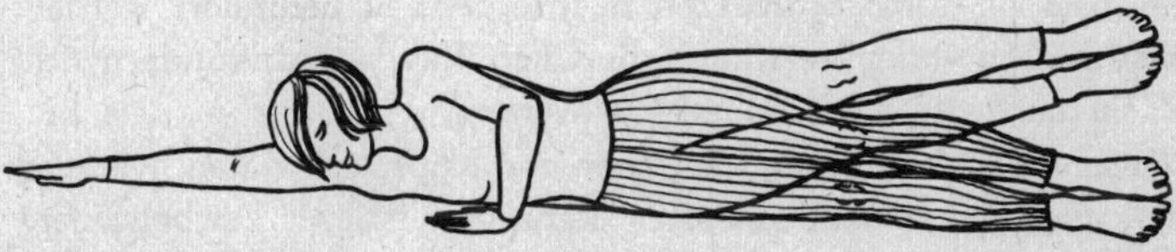

30. Und zuletzt wollen wir uns noch einmal in die Länge ziehen: Wir legen uns auf die rechte Seite. Der rechte Arm ist unter dem Kopf ausgestreckt und die linke Hand vor der Brust auf dem Boden gestützt. Beide Beine sind gestreckt und fest aneinandergepreßt. Bauch- und Beckenmuskulatur müssen angespannt sein, damit die Leisten ganz flach werden. Nun heben wir langsam beide Beine seitwärts in die Luft, ohne daß das Becken nach rückwärts ausweicht. Dann wieder die Beine senken. Achten Sie bitte darauf, daß der Körper von der rechten Hand bis hinab zu den Fußspitzen eine gerade Linie bildet.
8 × im langsamen Vierertempo, dann wechseln zur anderen Seite.

Es ist ein Kreuz mit dem Kreuz!

Kreuzschmerzen, Ischias, Stiche unter dem Schulterblatt und Kopfschmerzen — es ist schon ein Jammer! Man krümmt sich vor Schmerzen und ist doch selbst schuld. Aber ich hoffe, daß Sie es noch nicht so weit haben kommen lassen. Denn dann muß erst ein Arzt her, vielleicht auch ein Chiropraktiker. Es gibt natürlich Leute, die es genießen, ein Dauerpatient beim Arzt zu sein und voller Begeisterung, mit anklagend nach oben gerichtetem Blick, erzählen, wie viele Spritzen und Medikamente sie schon verabreicht bekommen haben. Das ist jedoch eine Sache für sich!

Aber da gibt es viel mehr Geplagte, die ganz verzweifelt darüber sind, daß sie durch Schmerzen in ihrer Arbeit behindert werden. Sie schlucken voller Vertrauen die Chemikalien und wundern sich, daß sie das dumme Leiden nicht loswerden.

Zwar haben sich kluge Menschen den Kopf zerbrochen, wie man Sitz- und Liegemöbel gestalten kann, um solche Wirbelsäulenschäden zu vermeiden. Da gibt es einen Gesundheits-Bürostuhl, den Fernsehsessel, die Bandscheibenliege. Aber man muß sich nun nicht einfach vorstellen, daß man von Schmerzen verschont bleibt, wenn man sich mit solchen Möbeln eingedeckt hat. Gewiß, sie erleichtern uns das lange Sitzen, auch bei Übermüdung, sie zwingen uns, die Wirbelsäule gerade zu halten oder sie geben uns Gelegenheit zur gesunden Entspannung. Sie sind aber nur Prothesen!

Ein aus seiner richtigen Stellung verschobener Wirbel kommt nicht durch Spritzen oder Medikamente wieder in die richtige Lage. Gymnastik verhütet nicht nur diese Unregelmäßigkeiten, sondern korrigiert sogar leichte vorhandene Schäden.

Das moderne Geschäftsleben verlangt nach guter Haltung und positiver Ausstrahlung. Hängende Schultern, eingefallener Brustkorb, runder Rücken und ein Hohlkreuz sind nun nicht gerade ein Zeichen von Aktivität und Schwung.

Abgesehen davon, daß Kleider und Anzüge auf solch einem armen Körper eigenartigerweise gar nicht recht sitzen wollen. Schieben Sie, bitte, die Schuld nicht auf Ihren Schneider, wenn Sie zu Hause mit lässiger Haltung plötzlich feststellen, daß Ihr Maßgeschneidertes nicht mehr sitzt. Bei der Anprobe hatten Sie sich – Hand aufs Herz – um gute Haltung bemüht!

Habe ich Ihnen ein bißchen Angst gemacht? Ja, ich gestehe es, ich wollte Ihnen den Teufel an die Wand malen! Unsere Wirbelsäule ist nämlich schon einige Sorgfalt wert!

Stellen Sie sich viele übereinandergestapelte Baukastensteinchen vor, die hier einmal die Wirbelsäule versinnbildlichen sollen. Zwischen jedem Steinchen laufen einige elektrische Drähte heraus – das wären bei uns die Nervenbahnen. Wenn nun ein Steinchen kippt, wird der dazwischenliegende Draht eingeklemmt, und es kann zu einem Kurzschluß kommen. Die Natur hat jedoch dafür gesorgt, daß unsere Wirbel schön elastisch in Reih und Glied gehalten werden, indem sie in starke Muskelstränge eingebettet sind. Wenn diese Muskelstränge durch Vernachlässigung schlaff und locker werden, dann kann es natürlich passieren, daß durch Zugluft, Überanstrengung oder eine ungewöhnliche Bewegung ein oder mehrere Wirbel aus ihrem Bett verrutschen. Dabei kann ein Nerv abgeklemmt werden. Die Schmerzen sind da – ganz erhebliche Schmerzen sogar!

Ich habe Ihnen hier einige besonders wirksame Übungen zusammengestellt, die Ihnen helfen sollen. Wenn es während der Übungen in Ihrer Wirbelsäule leise knackt, dann haben Sie keine Angst, denn dies ist ein gutes Zeichen. Da wurde gerade wieder ein Wirbel an seinen richtigen Platz gerückt. Vergessen Sie dabei auch nicht die angegebene Atemtechnik, die meist die Übungen erleichtert und gleichzeitig für gute Durchblutung sorgt.

Wenn Sie sich zur Gewohnheit machen, Ihre Übungen regelmäßig durchzuführen, werden Sie sicher damit belohnt, daß Sie frei von Rückenschmerzen bleiben. Mit der Zeit werden Sie auch feststellen, daß sich Ihre Haltung bessert. Und durch die gebesserte Haltung profitiert auch Ihre Atmung. Denn die Lungenflügel können sich nun besser ausdehnen, der Körper bekommt mehr Sauerstoff.

An die Arbeit also! Und glauben Sie bitte nicht, daß es genügt, wenn Sie zwei Wochen durchhalten. Muskeln wollen fortwährend beschäftigt sein. »Steter Tropfen höhlt den Stein!«

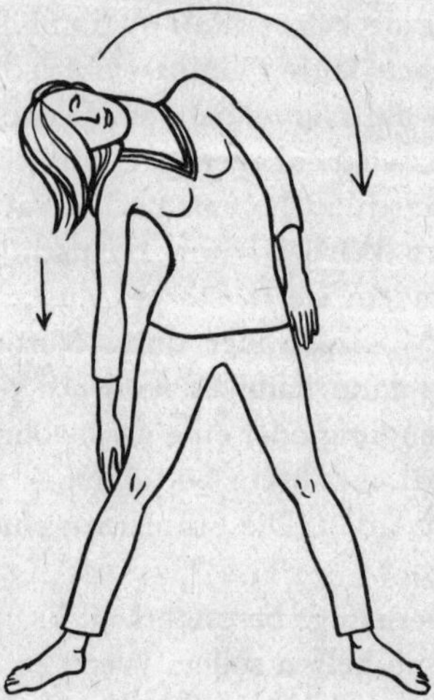

1. Zur Lockerung des Oberkörpers empfehle ich folgende Übung: Wir stehen mit gespreizten Beinen, die Arme hängen einfach seitwärts herunter. Nun lassen Sie den Oberkörper 2 × rechts und 2 × links locker seitwärts fallen. Die Hüfte darf sich dabei absolut nicht bewegen! Das erreichen wir, wenn wir die Bekkenmuskulatur fest anspannen und den Bauch einziehen. Die Knie bleiben fest gestreckt, und das Körpergewicht ist gleichmäßig auf beide Beine verteilt, also nicht die Fersen lösen. Der Kopf fällt seitwärts, ohne dabei das Kinn zu senken.
8 × abwechselnd im Marschtempo.

2. Um den Mittelkörper zu strecken, versuchen wir als nächstes: Immer noch stehen wir mit gespreizten Beinen, die Arme in Schulterhöhe seitwärts ausgestreckt. Wieder darf sich die Hüfte nicht bewegen! Jetzt ziehen wir den rechten Arm lang und damit den ganzen Oberkörper seitlich – dann zur anderen Seite. Die Schultern und Arme bleiben immer auf gleicher Höhe. Versuchen Sie, die Schultern locker zu lassen, die Bewegung geht von der Taille aus. Beide Fersen bleiben am Boden, und die Knie bleiben gestreckt.
8 × abwechselnd im Walzertempo.

3. Die Taille können wir biegsam und schlank halten, wenn wir folgendes probieren:
Wir stehen wieder mit gespreizten Beinen, die Arme sind zur Decke gestreckt und die Hände dort gefaßt. Ohne das Becken zu bewegen, kippen wir den Oberkörper abwechselnd rechts und links seitwärts. Ziehen Sie aber bitte nicht an den Armen, sondern führen Sie diese Bewegung von der Taille her aus. Der Kopf bleibt zwischen den Armen, und das Kinn darf dabei nicht gesenkt werden! Nicht die Luft anhalten, sondern gleichmäßig durchatmen!
8 × abwechselnd im langsamen Dreiertempo!

4. Als Ausgleichsübung gegen zu langes Sitzen – auch für Autofahrer – empfehle ich:

   Bei gespreizten Beinen stehen wir aufrecht und legen die Hände flach gegen das Becken rückwärts, ungefähr dort, wo die Beine anfangen (nicht höher!). Mit dem Einatmen strecken wir den ganzen Körper von der Taille her lang, drücken mit den Händen das Becken weit nach vorn, biegen Kopf und Schultern nach rückwärts und führen so eine Rückbeuge aus. Wichtig ist dabei, daß die Knie unbedingt gestreckt bleiben! Mit dem Ausatmen ziehen wir fest unseren Bauch ein, dadurch kommen wir fast von selbst in die aufrechte Haltung zurück. Wenn Sie wirklich beide Knie durchgedrückt halten, ist kein Grund vorhanden, den Hals und die Schultern zu verkrampfen. Dann werden Sie auch gut die Balance halten.

   8 ×, wobei wir jeweils langsam beim Rückbeugen und Aufrichten bis 4 zählen.

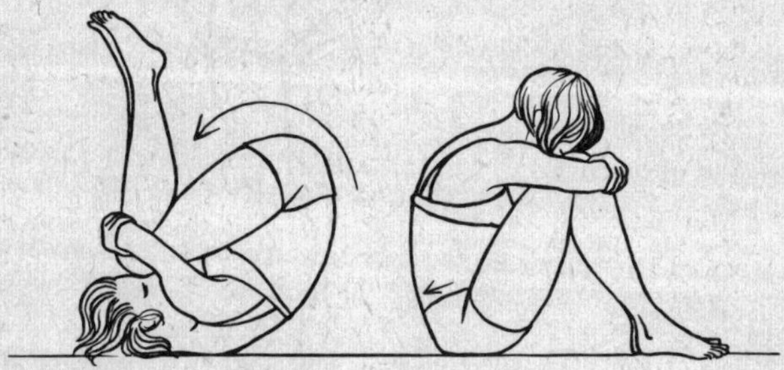

5. Eine ganz ausgezeichnete Massage für die Wirbelsäule erreichen wir hiermit:
   Wenn wir uns jetzt auf den Boden setzen, ziehen wir die Knie zur Brust heran und umschlingen sie fest mit den Armen. Die Nase senken wir zu den Knien herunter. Nun versuchen wir, einen ganz runden Rücken zu machen. Vor allem die rückwärtige Gürtellinie drücken wir stark nach hinten! In dieser Haltung rollen wir über den Rücken bis zu den Schultern, so daß das Becken sich hoch vom Boden abhebt. Auf dem gleichen Weg kommen wir wieder in die Anfangsstellung zurück. Werfen Sie aber den Kopf nicht in den Nacken, sonst gibt es Beulen! Diese Übung wird oft nicht gern ausgeführt, weil sich Rückenwirbel dabei schmerzhaft bemerkbar machen. Aber es gibt beinahe keine bessere Massage für die Wirbelsäule, und oft regulieren sich dabei kleine Unregelmäßigkeiten von selbst.
   16 × in langsamem Dreiertempo.

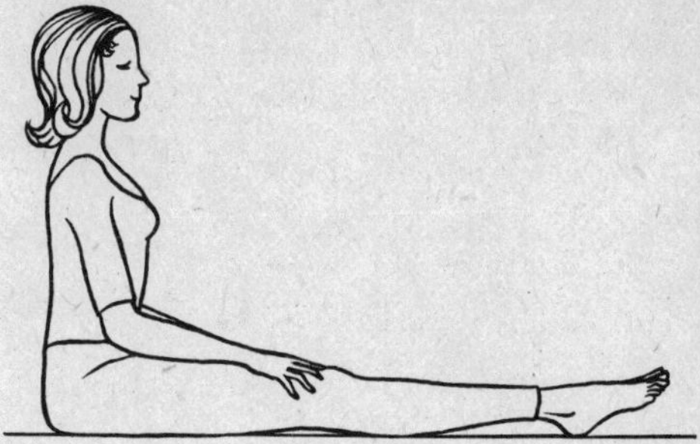

6. Die nächste Übung kräftigt die Rückenmuskulatur:
Im Sitzen halten wir die gestreckten Beine fest beisammen, und die Hände legen wir einfach auf die Oberschenkel. Nun richten wir den Oberkörper lang auf, legen Kopf und Schultern zurück und versuchen so, eine Rückbeuge zu machen. Beim Rückbiegen einatmen, beim Aufrichten ausatmen! Es soll Leute geben, die dabei mit dem Kopf rückwärts den Boden berühren können. Aber versuchen Sie das nicht um jeden Preis! Gehen Sie mit dem Oberkörper nur soweit zurück, wie Sie Kopf und Schultern locker nach rückwärts halten können. Beim Aufrichten drängen Sie bitte deutlich das Brustbein zur Decke – so führen Sie diese Übung richtig aus.
8 × in jeweils langsamen 4 Zeiten.

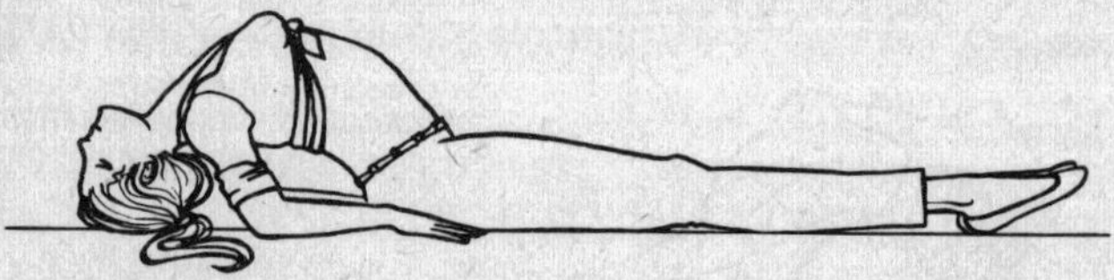

7. Zur Kräftigung des Rückens und seiner Längsmuskeln dient auch folgendes:
Wir legen uns auf den Rücken, die Beine geschlossen und die Arme eng am Körper auf dem Boden ausgestreckt. Nun drängen wir den Brustkorb so weit nach oben zur Decke, daß wir den Kopf rückwärts rollen können und eventuell die Stirn den Boden berührt. Dabei atmen wir ein! Anschließend legen wir uns wieder in die Ausgangsstellung zurück und atmen aus. Um den Brustkorb sehr hoch zu bringen, können wir uns mit den Ellbogen ein bißchen auf dem Boden abstützen. Ohne diese Hilfe ist die Übung allerdings wirksamer. Auf jeden Fall müssen aber die Schultern fest nach rückwärts gezogen werden, wenn wir den Brustkorb nach oben drängen.
8 × jeweils in 4 langsamen Zeiten.

8. Eine elastische Wirbelsäule können wir hierdurch erreichen: Wir knien auf dem Boden und stützen beide Hände vorne auf dem Boden auf – sozusagen ›auf allen vieren‹. Die Ellbogen bleiben bitte gestreckt! Nun beugen wir das rechte Knie zur Nase heran bei gesenktem Kopf. Die Fußspitze ist gestreckt und in der Luft. Das geschieht bei eins. Bei zwei schwingen wir das rechte Bein rückwärts gestreckt zur Decke und legen dabei den Kopf in den Nacken. Das Körpergewicht soll dabei gleichmäßig auf Knie und Hände verteilt sein.
8 × beugen und strecken im Walzertempo mit dem rechten Bein, dann kommt das andere Bein dran.

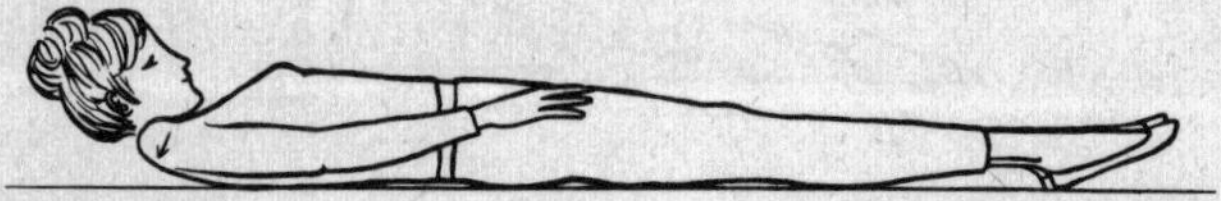

9. Die nächste Übung ist ausgezeichnet dafür geeignet, die Elastizität der Wirbelsäule zu erhalten:
Legen Sie sich auf den Rücken, die Beine gestreckt nebeneinander und die Hände auf die Oberschenkel gelegt. Als erstes ziehen Sie die Schultern bis zu den Ohren hoch, drücken sie dort auf dem Boden fest auf – und rutschen dann mit dem Becken nach. Wir versuchen also, uns wie eine Raupe in Richtung Kopf fortzubewegen. Dabei entsteht ein schneller Wechsel zwischen rundem Rücken und Hohlkreuz. Je größer die ›Schritte‹ sind, die Sie fertigbringen, desto wirksamer ist die Übung. Nur – bitte nicht mit den Füßen nachhelfen, das wäre gemogelt!
16 große Schritte im Marschtempo.

10. Auf diese Art und Weise läßt sich ein ›Hohlkreuz‹ ausbügeln: Wir ziehen, auf dem Rücken liegend, die gebeugten Knie zur Brust heran. Die Arme liegen eng neben dem Körper auf dem Boden. Dann schwingen wir den Körper zur Kerze hoch, daß das Gewicht nur noch auf Kopf und Schultern liegt und der Körper möglichst senkrecht aufsteigt. Die Hände bleiben dabei brav am Boden. Spannen Sie dabei die Beckenmuskeln fest an, und versuchen Sie, den Rücken durchzudrücken. Dabei atmen wir ein. Mit dem Ausatmen rollen wir wieder zurück in die Ausgangsstellung. Kopf und Schultern bleiben immer am Boden liegen. Wir versuchen, das Tempo zu steigern. Bitte, achten Sie dabei auf regelmäßiges Durchatmen.
16 × im eigenen Atemtempo.

11. Zur Förderung der Mittelkörperkraft schlage ich Ihnen die nächste Übung vor:
Diesmal beginnen wir die Übung aus der Kerze heraus. Also, wie in der letzten Übung balanciert der hochaufgerichtete Körper nur auf Kopf und Schultern. Versuchen Sie, die Wirbelsäule stark durchzudrücken. Die Hände liegen flach auf dem Boden! Mit dem Ausatmen senken wir nun langsam die geschlossenen Füße hinter dem Kopf auf den Boden – natürlich mit gestreckten Knien! Dabei machen wir einen runden Rücken. Mit dem Einatmen strecken wir wieder den Rücken und gehen in die Kerze zurück.
8 × in langsamen 4 Zeiten heben und senken.

12. Eine ausgezeichnete Übung gegen ›Hohlkreuz‹ ist auch diese: Wir liegen auf dem Rücken und haben die Arme in Schulterhöhe seitwärts ausgebreitet. Die Beine, gestreckt und geschlossen, haben wir zur Senkrechten erhoben. Indem wir ausatmen, drücken wir mit Kraft das Kreuzbein zum Boden und schwingen gleichzeitig beide Beine über den Kopf, daß die Fußspitzen den Boden berühren. Dann rollen wir wieder in die Ausgangsstellung zurück und atmen ein. Versuchen Sie bitte nicht, mit den Händen nachzuhelfen! Diese Übung muß nur mit der Kraft des Atems und der Rückenmuskulatur ausgeführt werden. Mit der Zeit wird sie Ihnen immer besser gelingen.
4 × im eigenen Atemrhythmus ist genug, vor allem, wenn die Übung täglich versucht wird.

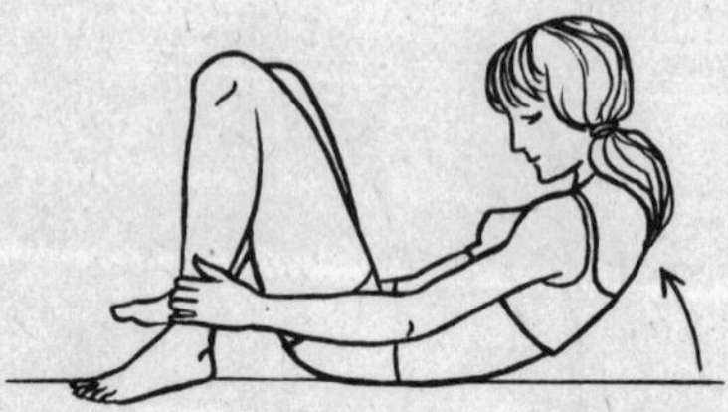

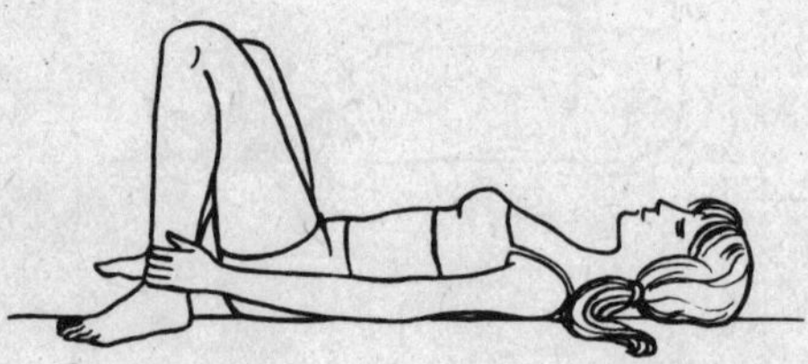

13. Und auch diese Übung gegen dasselbe Übel:
Wenn wir auf dem Rücken liegen, stellen wir die Füße rechts und links neben dem Becken auf und fassen mit den Händen die Fußgelenke. Die Knie bitte so weit öffnen wie nur möglich. Nun atmen wir aus, indem wir fest das Kreuzbein zum Boden drängen, und beugen die Ellbogen soweit an, daß Kopf und Schultern sich vom Boden erheben können. Manche kommen dabei mit der Nase bis zwischen die Knie! Aber versuchen Sie es nur nachdrücklich, solange Sie die Füße am Boden halten können. Dann wieder entspannen und einatmen.
8 × im eigenen Atemrhythmus.

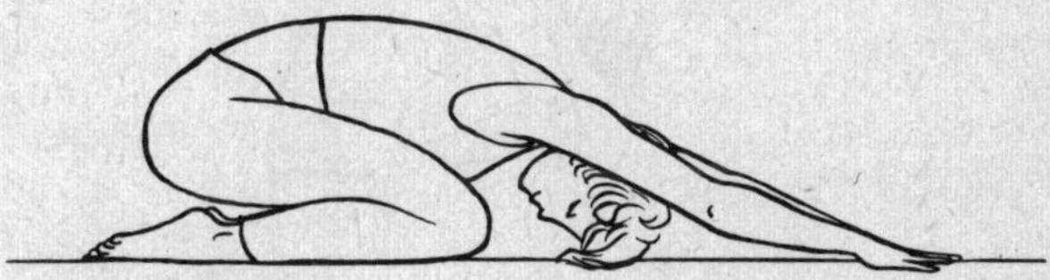

14. Für gute Haltung und geschmeidigen Rücken:
Jetzt knien wir auf dem Boden und sitzen auf den Fersen. Die Fußspitzen sind gestreckt. Senken Sie Ihre Nase bis zu den Knien hinunter, und strecken Sie die Arme nach vorn aus, in Schulterbreite, die Hände liegen flach auf dem Boden. Nun schieben Sie die Nase – und vor allem die Brust! – ganz eng am Boden entlang in die Nähe der Hände, wobei die Ellbogen den Boden nicht berühren dürfen! Auf die gleiche Art und Weise gehen wir wieder in die Ausgangsstellung zurück. Bitte, gleichmäßig dabei durchatmen.
8 × schön langsam in 4 Zeiten, und in 4 Zeiten zurück.

15. Als nächstes ein Vorschlag, den Rücken elastisch zu halten: Wieder knien wir, auf den Fersen sitzend, aber diesmal mit geöffneten Knien. Die Nase ist nach vorn zum Boden gesenkt. Gegen das Becken legen wir die flachen Hände parat. Nun richten wir den Oberkörper auf, heben das Becken und führen eine tiefe Rückbeuge aus, wobei wir mit den Händen fest gegen das Becken nach vorn drücken. Dabei einatmen. Dann richten wir uns während des Ausatmens wieder auf und gehen in die Anfangsstellung zurück. Schultern und Kopf sollten möglichst entspannt bleiben.
8 × im eigenen Atemrhythmus.

16. Gut gegen Hexenschuß und zur Förderung der schlanken Taille: Im Stehen haben wir die Beine gespreizt. Die Arme strecken wir in Schulterhöhe nach vorn aus. Beide Arme führen jetzt einen Achterschwung parallel rechts und links neben dem Körper aus, wobei der Blick diesem Weg immer folgt! Also: Beide Arme senken, an der rechten Hüfte vorbei und nach oben und vor weiterschwingen. Dann an der linken Hüfte vorbei über rück und oben. Die Hüfte darf sich aber dabei nicht bewegen. Am besten spannen Sie Becken- und Bauchmuskeln fest an! Die Knie bleiben natürlich immer gestreckt.
8 × im schnellen Walzertempo.

17. Die nächste Übung verstärkt diese Wirkung:
Wieder stehen wir mit weit gespreizten Beinen und legen beide Hände vorn auf dem Boden auf. Die Knie bleiben wieder gestreckt! Nun werfen Sie den rechten Arm über die Seite nach oben mit einem kurzen Ruck. Der Blick verfolgt die rechte Hand! Wieder in die Ausgangsstellung zurück und mit dem linken Arm den Schwung über die Seite nach oben. Das Gewicht des Körpers bleibt nicht nur auf den Beinen, sondern auch gleichmäßig verteilt auf der einen Hand, die noch am Boden bleibt!
8 × im Marschtempo.

18. Fortgeschrittene können sich bereits an diese Übung wagen: Die Ausgangsstellung ist diesmal wieder: Beine gespreizt, Hände auf dem Boden aufgestützt. Jetzt schwingen Sie das rechte Bein gestreckt hoch und kreuzen es nach links rückwärts. Wieder in die Ausgangsstellung zurück, und das andere Bein schwingt nach rechts rückwärts. Die Hände bleiben immer fest am gleichen Platz. Legen Sie bei dieser Übung den Kopf in den Nacken, und versuchen Sie, beim Schwung ein Hohlkreuz zu machen, dann haben Sie mehr Kraft!
8 × abwechselnd im langsamen Dreiertempo.

19. Jetzt versuchen wir, die Rückenmuskeln zu stärken:
Wir stehen mit gespreizten Beinen, die Arme seitwärts in Schulterhöhe ausgebreitet und den Oberkörper flach wie ein Tisch nach vorn gesenkt. Der Kopf ist erhoben und die Schultern zurückgebogen! Nun federn wir den Mittelkörper nach unten, wobei aber die Schultern nicht tiefer als das Becken sinken sollen. Der Rücken muß also stark durchgedrückt werden! Die Beine bleiben gestreckt.
16 × im Polkarhythmus.

20. Die nächste Übung verstärkt die Wirkung der vorhergehenden: Wir stehen wieder mit gespreizten Beinen und haben den Oberkörper locker nach vorn fallen lassen. Dort falten wir die Hände (die Finger ineinanderschlingen!), drehen die gefalteten Hände mit den Handflächen nach außen und strecken die Ellbogen. Nun heben wir den Oberkörper so, daß der Rücken eine waagerechte Linie zeigt. Die gestreckten Arme und der Kopf drängen nach oben, während die Brust und die Achselhöhlen nach unten drängen. Zählen Sie in dieser Haltung langsam bis acht, und lassen Sie dann den Oberkörper wieder entspannt nach unten fallen. Die Knie bleiben immer ganz gestreckt!
4 × diese Übung sorgfältig ausgeführt genügt.

21. Die Biegsamkeit des Rückens erhalten wir so:
Mit geschlossenen Füßen stehen wir (Fersen und Fußspitzen geschlossen), die Knie ein bißchen gebeugt, so, daß wir die Hände auf die Knie stützen können – Daumen nach außen. Nun senken wir die Nase zu den Knien bei eins. Bei zwei strecken wir die Arme und Knie, biegen den Kopf in den Nakken und drücken das Kreuz durch. Das Hauptgewicht verlagern Sie bitte immer auf die Hände! Der Unterschied zwischen Hohlkreuz und rundem Rücken soll immer stärker werden.
8 × beugen und strecken im langsamen Dreiertakt.

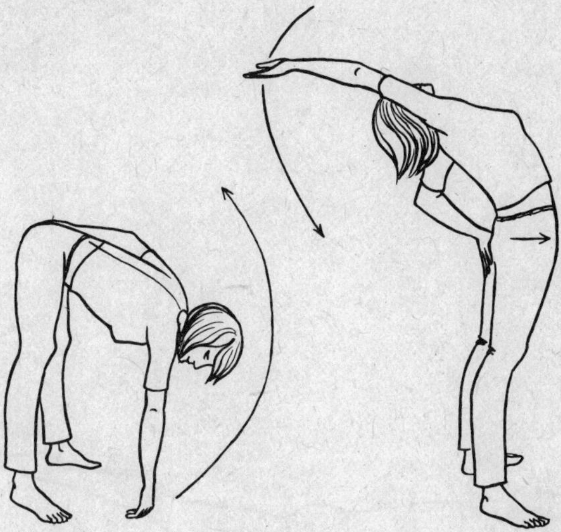

22. Die Beweglichkeit aus der Mitte des Körpers prüfen wir am besten so:
Wir stehen mit gespreizten Beinen, die linke Hand sehr tief unten gegen das Becken gestützt. Der rechte Arm und der Oberkörper hängen nach vorn unten. Wir blicken immer zur rechten Hand. Nun kreist der Oberkörper, geführt von der rechten Hand, über links, rück, rechts und vor. Die Knie bleiben bitte immer gestreckt. Wenn der Oberkörper über hinten kreist, drücken wir mit der linken Hand das Becken weit nach vorn! Der rechte Arm bleibt unbedingt gestreckt!
4 × kreisen über links im Walzertempo, dann zur anderen Richtung mit dem anderen Arm.

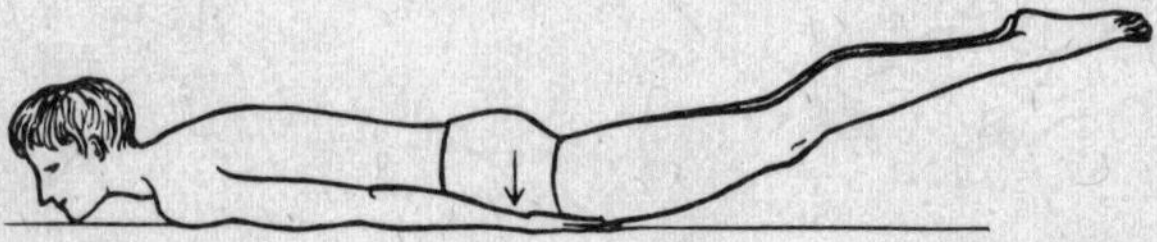

23. Und nun stärken wir die Rückenkraft:

Auf dem Bauch liegend legen wir die Hände unter die Oberschenkel. Das Kinn ist auf dem Boden aufgestellt, und die Beine sind geschlossen und gestreckt. Mit dem langsamen Einatmen drücken wir das Becken stark zum Boden und heben langsam die geschlossenen gestreckten Beine rückwärts an. Mit dem Ausatmen senken wir die Beine wieder. Bitte, nicht reißen, nicht rucken – nur langsam dehnen, zusammen mit dem Atmen.

8 × im eigenen Atemrhythmus.

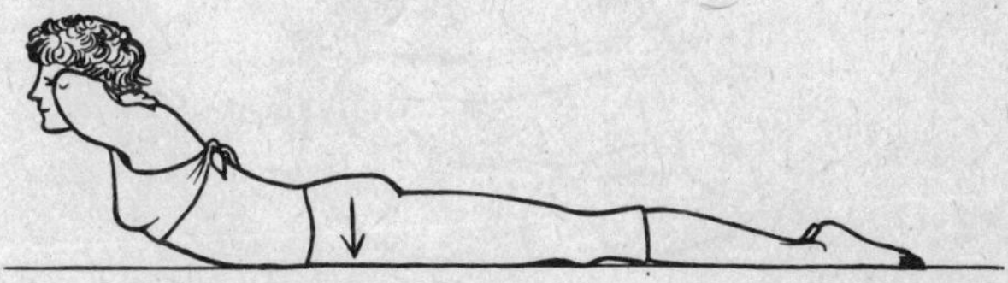

24. Noch stärker wirkt diese Übung:
Wieder auf dem Bauch liegend falten wir hinter dem Nacken die Hände. Beim Einatmen öffnen wir nun zuerst die Ellbogen, heben den Kopf und biegen den Oberkörper rückwärts, daß er sich vom Boden erhebt. Gleichzeitig drücken wir die Leistengegend fest auf den Boden hinunter. Die Beine bleiben geschlossen und gestreckt unten. Beim Ausatmen entspannen wir den Körper wieder. Es ist völlig gleichgültig, wie hoch Sie Ihren Oberkörper nach rückwärts abbiegen können. Wichtig ist nur, daß Sie die Übung richtig ausführen!
4 × langsam heben und senken ist ein guter Anfang.

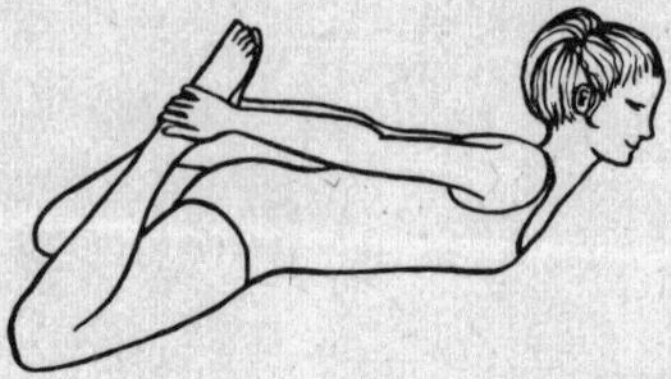

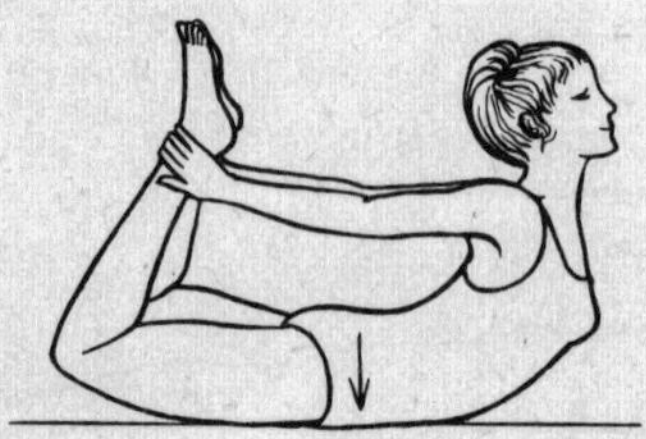

25. Zum Ausgleich gegen langes Sitzen probieren Sie mal dies:
Mit gespreizten Beinen liegen Sie auf dem Bauch. Nun beugen Sie die Knie an, daß Sie mit den Händen die Fußgelenke fassen können. Das ist die Ausgangsstellung. Jetzt versuchen Sie, die Knie rückwärts so weit zu strecken, daß sich der Oberkörper vom Boden weit abhebt. Gleichzeitig drücken Sie die Leistengegend fest nach unten. Dabei atmen Sie ein! Mit dem Ausatmen entspannen Sie den Körper wieder. Auch hier ist die Bewegung wieder langsam und gebunden. Eine ruckhafte Bewegung hätte nicht die gewünschte Wirkung.
4 × heben und senken in langsamen 4 Zeiten.

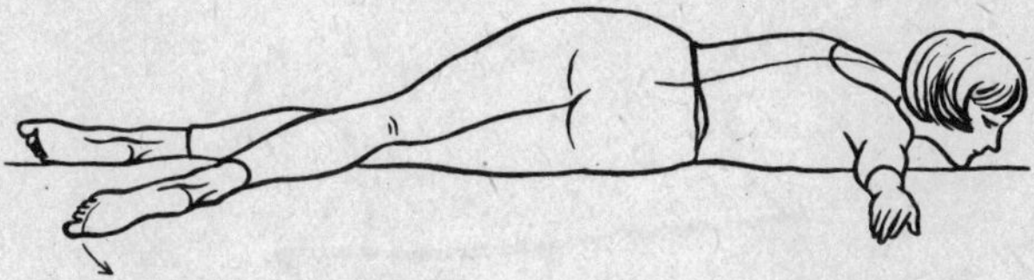

26. Die nächste Übung kann sogar einen Hexenschuß wieder in Ordnung bringen, wenn sie sofort angewendet wird:
Wir liegen auf dem Bauch, die Beine gestreckt und geschlossen und die Arme genau in Schulterhöhe ausgebreitet. Das Kinn stellen wir auf dem Boden auf. Nun kreuzen wir das linke Bein rückwärts nach rechts, ganz eng das rechte Bein streifend, und führen es am Boden entlang soweit nach rechts wie nur irgend möglich. Dabei darf sich die Hüfte mit verdrehen, aber das Kinn bleibt immer am gleichen Platz. Einatmen! Dann wieder in die Ausgangsstellung zurück und dabei ausatmen. Als nächstes kreuzt das rechte Bein flach nach links usw.
4 × rechts und links mit sorgfältiger Atmung ist genug.

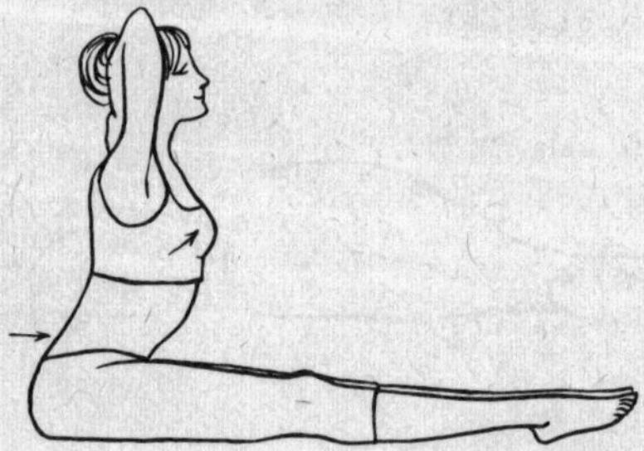

27. Wenn Sie Ihre gute Haltung fördern wollen, so versuchen Sie es damit:
Mit gestreckten und geschlossenen Beinen sitzen Sie auf dem Boden, die Hände hinter dem Nacken gefaltet. Die Ellbogen sind weit geöffnet, das Kinn ist erhoben und der Rücken stark durchgedrückt. Nun versuchen Sie, den Oberkörper so nach vorn zu wippen, daß das Brustbein immer mehr nach oben gedrängt wird und der Rücken nicht rund nachgibt. Sie kommen unmöglich sehr weit nach vorn in dieser Haltung! Aber diese minimale Bewegung ist wirksamer, als wenn Sie im Rücken nachgeben.
16 × im Walzertempo.

28. Hier ist für Sie noch eine recht hübsche Dehnübung: Diesmal sitzen Sie mit weit gespreizten Beinen, die Arme zur Decke gestreckt und die Hände gefaßt. Wieder versuchen Sie, einen stark durchgedrückten Rücken zu halten, wenn Sie den Oberkörper aufgeklappt einmal rechts und einmal links seitwärts kippen. Zwischendurch richten Sie den Oberkörper immer wieder so steif auf wie nur möglich. Der Kopf bleibt dabei immer zwischen den Armen, und das Kinn darf nicht gesenkt werden! Beim Kippen ausatmen und beim Aufrichten einatmen. *8 × rechts und links im langsamen Dreiertempo.*

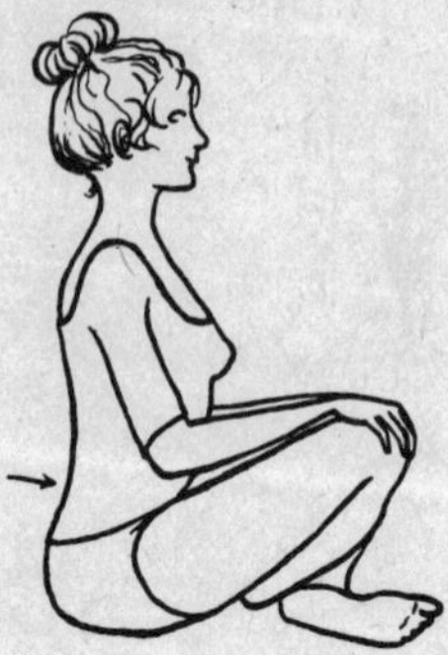

29. Für die Beweglichkeit vor allem des unteren Teils der Wirbelsäule hilft:

Wir sitzen im Schneidersitz. Die Unterschenkel sind gekreuzt, die Knie seitlich geöffnet, und die Hände fassen von oben die Knie. Mit dem Ausatmen rollen wir über das Steißbein, daß sich das Kreuzbein stark dem Boden entgegenwölbt. Wir rollen so weit zurück, bis die Arme gestreckt sind, ohne die Hände loszulassen, so daß dann der Kopf auf die Brust sinkt. Die Füße bleiben am Boden. Dann atmen wir wieder ein und kommen zum Sitzen hoch, wobei wir ein übertriebenes Hohlkreuz bilden. Der Unterschied zwischen rundem Rücken und Hohlkreuz sollte immer stärker werden.

8 × jeweils in langsamen 4 Zeiten.

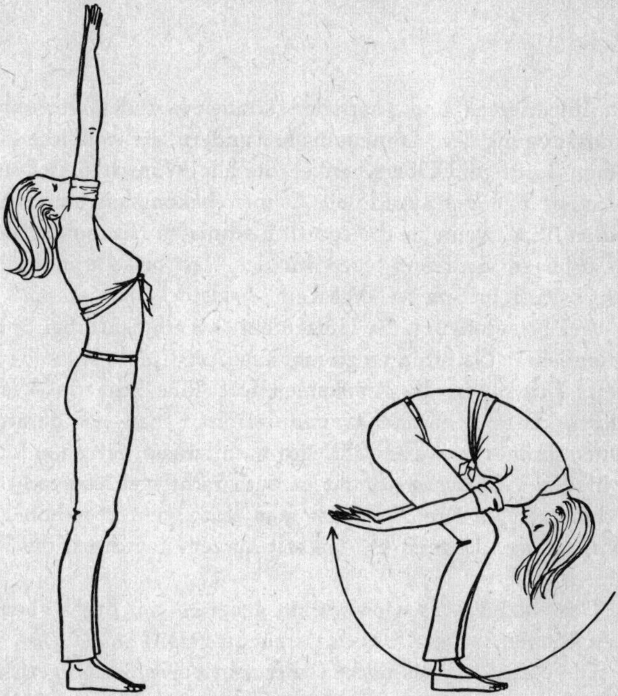

30. Und nun noch eine Übung zur Entspannung:
Die Füße sind geschlossen, und wir stehen mit zur Decke gestreckten Armen aufrecht. Nun lassen wir mit dem Ausatmen Arme, Kopf und Oberkörper nach vorne und unten fallen, schleifen die Hände über den Boden nach rückwärts, wobei wir etwas in den Knien nachgeben. Auf dem gleichen Weg schwingen wir Oberkörper und Arme wieder in die Ausgangsstellung zurück, wobei wir einatmen. Die Fersen bleiben immer am Boden. Kopf, Schultern und Arme sollten dabei ganz entspannt und locker sein!
Im Dreiertempo, solange es Ihnen gefällt.

Hilfe, mein Sitzfleisch!

In Illustrierten und Journalen können wir den verführerischen Hüftschwung der Mannequins bewundern, die weibliche Linie zwischen Taille und Oberschenkel, die alle Wunschvorstellungen der Männer beflügelt. Auch die Damen bekommen einen träumerischen Blick, wenn sie die sportlich schmalen Hüften der Dressmen überfliegen. Seufzend legen wir das Blatt beiseite und betrachten uns kritisch im Spiegel. Welch ein Vergleich!

Auf beiden Seiten der Hüften hat sich ein deutlicher Speckwulst angesiedelt. Nach hinten zu ragt eine Art ›Cul de Paris‹ heraus und setzt sich bis in die Kniekehlen fort. Eine Schande! Wenn man richtig darüber nachdenkt, dann erinnert man sich daran, daß es einem immer schwerer fällt, sich nach langem Sitzen aufzurichten. Mit der Verdauung stimmt es auch nicht mehr so recht. An die Schmerzen im Kreuzbein hat man sich eigentlich schon gewöhnt. Nur unangenehm ist es, daß seit kurzem manchmal die Sitzfläche einschläft!

Das einzige, was wir noch mit unseren ›vier Buchstaben‹ anfangen können, ist gerade noch, darauf zu sitzen!

Die Natur hat das Becken aber sehr beweglich eingerichtet. Wir können es seitwärts, vor- und rückwärts verschieben und auch nach beiden Seiten kippen. Nur, wer tut das noch? Der Bequemlichkeit, die unsere Hüfte zwar rasten, doch leider auch rosten läßt, sollten Sie erbitterten Widerstand leisten, um ernsthaften Gesundheitsschädigungen zu begegnen.

Im Becken sitzt eines der großen Kraftzentren des Körpers. Aber wir kümmern uns nicht darum und benutzen zur Kraftanstrengung unwissentlich nur noch die Muskeln der Extremitäten, die eigentlich dafür gar nicht eingerichtet sind und natürlich überfordert werden.

Fettablagerungen sollten eine ernste Warnung sein. Sie entstehen nicht nur durch übermäßiges Essen, sondern vor allem durch körperliche Trägheit, welche die Muskeln erschlaffen läßt.

Es hilft alles nichts — Sie müssen sich dazu aufraffen, mit Gymnastik die Hüft- und Beckenmuskeln wieder munter zu machen. Versuchen Sie die von mir vorgeschlagenen Übungen, Sie werden bestimmt belohnt. Nicht nur, daß die oben beschriebenen Leiden verschwinden, sondern Sie können auch im Spiegel prüfen, ob es Ihre Mühe wert war. Vielleicht können Sie nun doch mit dem Gedanken spielen, sich für die nächste Badesaison einen Bikini zu leisten, anstatt des einteiligen Badeanzugs, den Sie aus ästhetischen Gründen kaufen wollten? Und Sie, mein Herr, können die mängelverdeckenden weiten Shorts beiseite legen, um Ihre männlich schmalen Hüften mit einem knappen Badeslip zu schmücken?!

1. Zuerst lockern wir die Hüftpartie und versuchen, die Beweglichkeit zu steigern:
Wir stehen also mit gespreizten Beinen, die Hände sind am besten in der Taille gestützt, wobei die Ellbogen bitte nicht nach hinten zeigen sollen. Die Bauchmuskeln sind angespannt und die Leisten nach vorn gedrängt. Mit dieser Spannung verschieben wir das Becken 2 × nach rechts und 2 × nach links. Das Körpergewicht soll immer auf beiden Füßen gleichmäßig verteilt bleiben, und der Oberkörper ist unbeweglich am gleichen Platz. Achten Sie bitte darauf, daß das Becken nicht nach rückwärts ausweicht!
16 × im Zweierrhythmus.

2. Um verstärkte Beweglichkeit zu erreichen, hilft auch folgende Übung:
Mit gespreizten Beinen stehen wir und haben den Oberkörper flach, wie einen Tisch, nach vorn gehalten. Die Arme sind zur Seite ausgebreitet. Versuchen Sie jetzt bitte, ein sogenanntes ›Hohlkreuz‹ zu machen. Also den Rücken stark durchdrücken. Nun drücken wir das Becken abwechselnd diagonal nach rechts und links rückwärts, wobei wir den Rücken immer stärker durchdrücken. Die Schulterpartie bleibt dabei immer am gleichen Platz, und die Knie sind gestreckt.
16 × im Marschtempo.

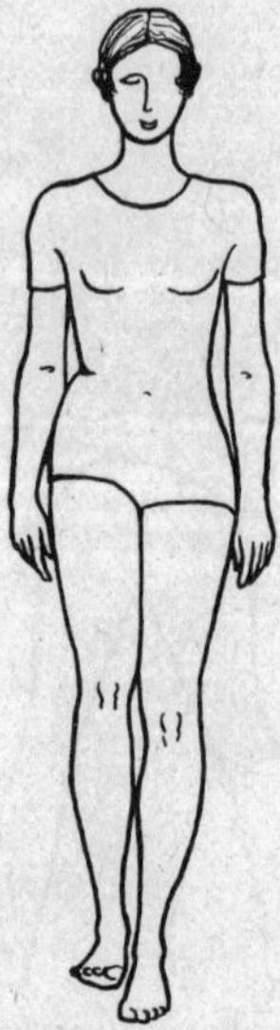

3. Um zu verhindern, daß das Kreuzbein sich versteift:
Wir stehen mit geschlossenen Füßen, und die Arme hängen einfach seitwärts herunter. Voraussetzung ist, daß die Bauch- und Beckenmuskeln stark angespannt sind! Nun heben wir von der Hüfte aus einmal das rechte, einmal das linke Bein vom Boden ab, ohne es aus der senkrechten Haltung zu verändern. Es ist also eine Bewegung mit steifen Knien. Achten Sie bitte darauf, daß das Becken nicht nach rückwärts ausweicht. Die Schultern bleiben dabei ganz ruhig und unbeweglich, nur die Hüfte zieht hoch.
16 × abwechselnd im Marschtempo.

4. Und jetzt kommt Hilfe für alle, die beruflich lange sitzen müssen:
Sie stehen mit gespreizten Beinen und haben den Oberkörper flach nach vorn gesenkt, wie wir es bei der zweiten Übung erklärt haben. Die Arme sind seitwärts ausgebreitet. Das Körpergewicht verlegen Sie mehr auf die Außenseiten der Fußsohlen. Jetzt senken Sie das Becken, indem Sie die Knie stark abbiegen, und drängen das Becken nach vorn, bis die Leisten ganz flach sind. Der Oberkörper weicht nach hinten aus, ohne ein hohles Kreuz zu machen! Die Beine bleiben noch gebeugt. Dann gehen Sie auf die gleiche Weise wieder in die Ausgangsstellung zurück, wobei Sie zum Schluß die Knie wieder strecken. Das Bekken beschreibt also einen Halbkreis über unten nach vorn und wieder zurück. Lassen Sie dabei bitte die Schultern ganz locker! Die Kraft für diese Übung muß nur aus den Bauch- und Beckenmuskeln kommen.
8 × in langsamem Dreierrhythmus.

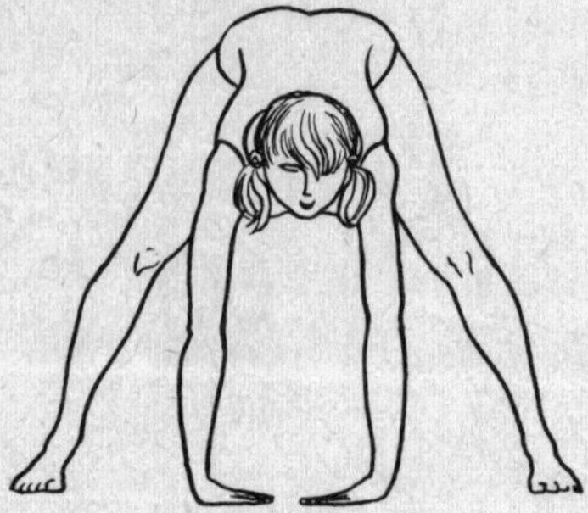

5. Gegen die lästigen Fettpölsterchen an den Innenseiten der Oberschenkel hilft diese Übung:
Wir stehen wieder mit gespreizten Beinen, und die Hände legen wir vorn auf dem Boden auf. Wieder verlagern wir das Hauptgewicht des Körpers auf die Außenseiten der Fußsohlen. Nun beugen wir einmal das rechte, einmal das linke Knie an, soweit es geht, ohne die Ferse vom Boden zu lösen. Das Kinn heben wir währenddessen an, und die Ellbogen geben auch so viel nach, wie es uns möglich ist. Das gebeugte Knie ist jedesmal ungefähr neben der Schulter, das andere ist gestreckt.
16 × abwechselnd sehr schwungvoll in normalem Marschtempo.

6. Um die gleichen Fettpölsterchen geht es auch hier:
Wieder stehen wir mit weit gespreizten Beinen, die Hände vorn auf dem Boden aufgelegt. Das Körpergewicht ist stark auf die Hände verlagert. Nun heben wir abwechselnd das rechte und das linke Bein seitwärts an, aber gestreckt, so hoch es geht. Es ist völlig gleichgültig wie hoch Sie das Bein heben können, die Hauptsache ist nur, daß Sie es genau seitwärts bewegen. Wenn Sie dabei das Kinn anheben, haben Sie mehr Kraft.
8 × abwechselnd im Marschtempo.

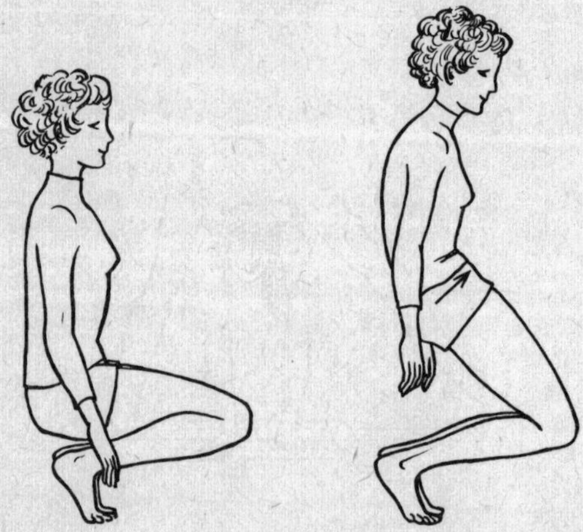

7. Mit der nächsten Übung können Sie prüfen, ob der Kraftimpuls an der richtigen Stelle sitzt:
Sie stehen dabei mit geschlossenen Beinen, Fersen und Fußspitzen sind geschlossen. Die Arme hängen locker an den Seiten herunter. Sie machen zuerst mit geschlossenen Knien eine Kniebeuge, wobei der Rücken ganz gerade bleibt. Wenn Sie sich nun wieder zum Stehen aufrichten wollen, drücken Sie das Becken in Richtung Knie nach vorn und strecken so die Beine. Dabei dürfen Sie aber keinesfalls ein Hohlkreuz machen! Die Knie bleiben immer fest geschlossen. Und versuchen Sie, die Schultern so locker wie möglich zu halten.
8 × im Dreierrhythmus, in 2 Takten senken, in 2 Takten strecken.

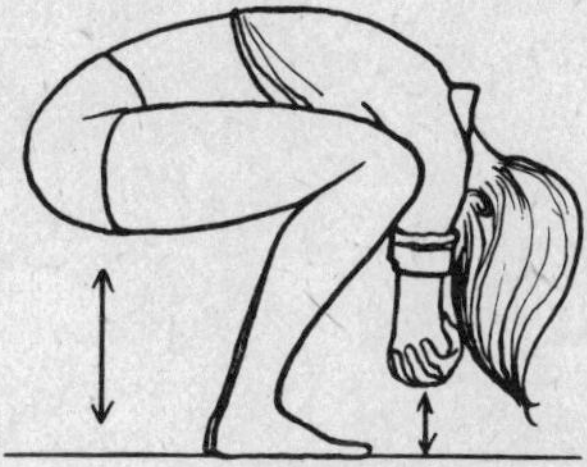

8. Jetzt kommt eine rein ›weibliche‹ Übung, die Verkrampfungen im Unterleib lösen hilft:
Wir stehen dabei mit etwas geöffneten Beinen, die Füße ungefähr in Schulterbreite, die Fußspitzen genau nach vorn zeigend. Wir verlagern das Gewicht auf die Außenkanten der Fußsohlen! Nun fassen wir mit beiden Händen die Ellbogen und lassen den Oberkörper locker nach unten fallen. Das ist die Ausgangsstellung. Nun beugen wir gleichzeitig beide Knie, soweit es nur geht, und versuchen nicht nur die Ellbogen in die Nähe des Bodens zu federn, sondern auch das Becken. Dabei atmen wir jedesmal aus, als ob wir eine Kerze auspusten wollten. Die Fersen bleiben bitte immer am Boden, und sie verschieben sich auch nicht seitwärts. Die gebeugten Knie befinden sich neben den Schultern. Holen Sie bitte weit aus, damit Sie immer sehr tief fallen können.
16 × im eigenen Atemrhythmus.

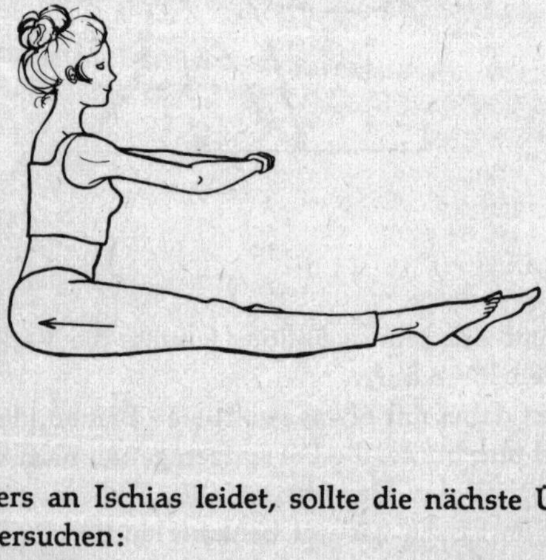

9. Wer öfters an Ischias leidet, sollte die nächste Übung immer wieder versuchen:
Im Sitzen haben wir die Beine gestreckt nebeneinander liegen. Die Hände fassen wir etwa in Brusthöhe etwas entfernt vom Körper. Der Oberkörper sollte ganz gerade aufgerichtet sein. Nun bewegen wir uns, nur die Hüften dazu benutzend, nach rückwärts. Eine Wanderung ohne Beine! Helfen Sie bitte nicht mit den Beinen nach, nur durch die abwechselnde Verlagerung auf die rechte und linke Beckenseite bewegen wir uns vom Platz. Der Oberkörper bleibt immer hoch aufgerichtet und wird keinen Zentimeter kleiner.
32 Schritte im Marschtempo.

10. Ischiasfeindlich ist auch die nächste Übung:

Wir sitzen mit gestreckten Beinen, die Hände sind rückwärts auf dem Boden aufgestützt, mit den Fingerspitzen nach vorne. Jetzt heben wir das rechte gestreckte Bein zur Nase hoch und senken es im rechten Winkel nach rechts zum Boden. Dann wieder das rechte Bein an der Nase vorbeiführen und im rechten Winkel nach links zum Boden senken. Dabei soll die Hüfte stark verdreht werden. Die Hände bleiben immer am gleichen Platz. Wir dürfen hier die Ellbogen immer wieder anbeugen, wenn das gestreckte Bein an der Nase vorbeigeführt wird. Aber bitte nicht die Ellbogen auf den Boden stützen!

8 × öffnen und kreuzen im langsamen Dreierrhythmus und dann mit dem anderen Bein üben.

11. Die Leisten versuchen wir mit folgender Übung zu dehnen: Mit gespreizten Beinen sitzen wir, die Hände rückwärts auf dem Boden aufgestützt. Die Knie und Fußspitzen sind natürlich gestreckt! Nun verdrehen wir die Hüfte so, daß das rechte Knie zum Boden nach innen gedreht wird und die rechte Ferse nicht mehr den Boden berührt. Die rechte Leiste wird dadurch ganz flach. Nun gehen wir wieder zurück in die Anfangsstellung und verdrehen die linke Hüfte. Lassen Sie bitte die Hände immer am gleichen Platz. Die Knie sollten immer gestreckt bleiben.
8 × abwechselnd in langsamen 4 Zeiten.

12. Um die Kraft in den Leisten zu fördern:
Wir setzen uns wieder mit gespreizten gestreckten Beinen hin, die Arme sind in Schulterhöhe seitwärts ausgebreitet. Der Oberkörper soll sehr gerade sein, die Schultern locker etwas nach hinten fallend. Jetzt versuchen wir die gespreizten Beine vom Boden abzuheben. Dabei müssen wir das Brustbein stark zur Decke nach oben drängen und das Kinn etwas anheben. Wir zählen langsam bis 4 und senken die Beine wieder zum Boden. Wenn sich Ihre Leisten mit Krampf für die Anstrengung rächen, ist das nur ein Beweis dafür, daß Sie diese Übung öfters ausführen sollten.
8 × in jeweils langsamen 4 Zeiten.

13. Den Speck, der sich bis in die Oberschenkel hinabzieht, bekämpfen wir mit dieser Übung:
Wir sitzen mit angezogenen Beinen, die Fußspitzen eng vor dem Becken geschlossen auf den Boden gestellt. Die Arme sind seitwärts in Schulterhöhe ausgebreitet. Versuchen Sie bitte sehr gerade zu sitzen! Nun senken wir beide Knie nach rechts zum Boden, ohne die Fußspitzen vom Fleck zu rühren. Dabei verlagern wir das Körpergewicht etwas nach vorn und versuchen, den Oberkörper noch mehr aufzurichten. Wieder zurück in die Ausgangsstellung, und beide Knie nach links zum Boden senken. Versuchen Sie dabei die Schultern ganz locker zu halten, was gar nicht so einfach ist.
8 × abwechselnd jeweils im Dreiertempo.

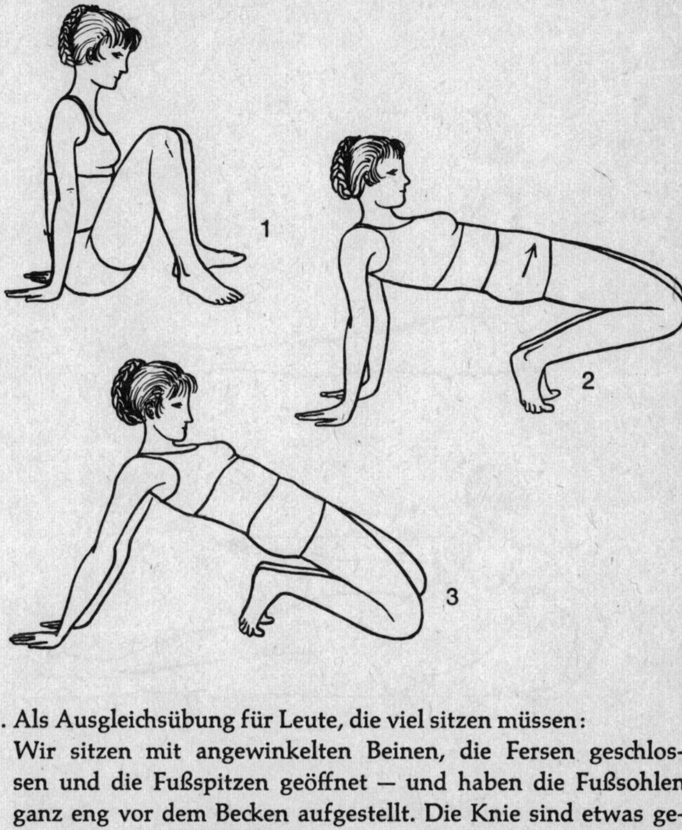

14. Als Ausgleichsübung für Leute, die viel sitzen müssen:
Wir sitzen mit angewinkelten Beinen, die Fersen geschlossen und die Fußspitzen geöffnet – und haben die Fußsohlen ganz eng vor dem Becken aufgestellt. Die Knie sind etwas geöffnet. Nun stützen wir die Hände ganz eng hinter dem Becken auf dem Boden auf. Das ist die Ausgangsstellung. Jetzt heben wir das Becken in hohem Bogen an und schieben es weit über die Fersen nach vorn, daß sich die Knie vorn vor den Füßen auf den Boden senken können. Die Hände bleiben bitte immer am gleichen Platz! Vielleicht gelingt es Ihnen nicht gleich, die Knie vorn auf den Boden zu senken. Das macht nichts. Eines Tages klappt es.
4 × in langsamem Tempo vor und zurück.

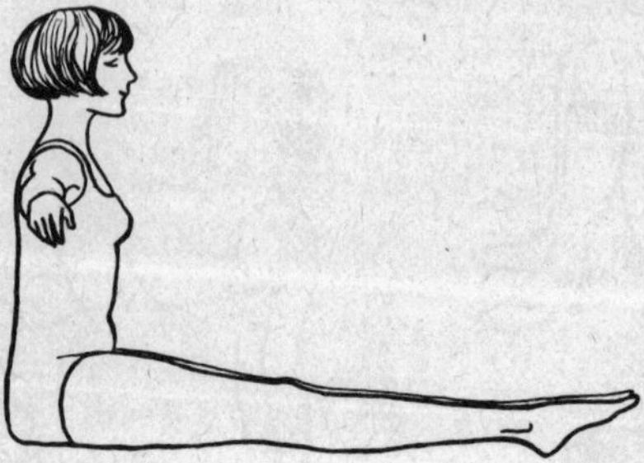

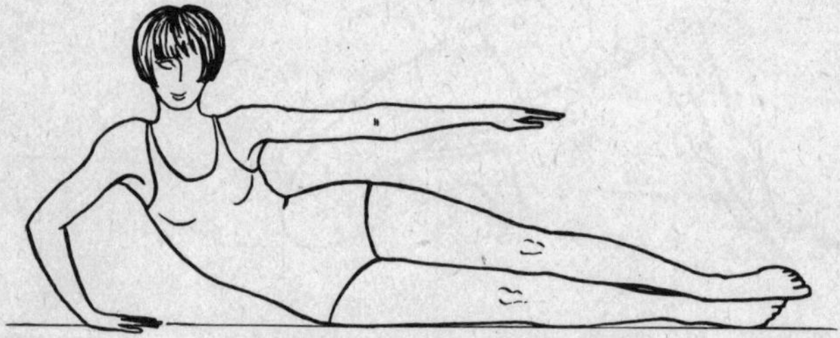

15. Gegen Speck an der Sitzfläche arbeitet die folgende Übung: Wir sitzen mit gestreckten und geschlossenen Beinen aufrecht, die Arme in Schulterhöhe seitwärts ausgebreitet. Nun kippen wir auf die rechte Seite der Hüfte, stützen den rechten Arm rückwärts auf dem Boden auf und drücken mit der Beckenmuskulatur die Leisten stark nach vorn. Die Leisten müssen dabei ganz flach werden! Spannen Sie bitte auch zusätzlich die Bauchmuskeln an. Dann gehen wir wieder in die Ausgangsstellung zurück und kippen zur anderen Seite.
8 × abwechselnd im Marschtempo.

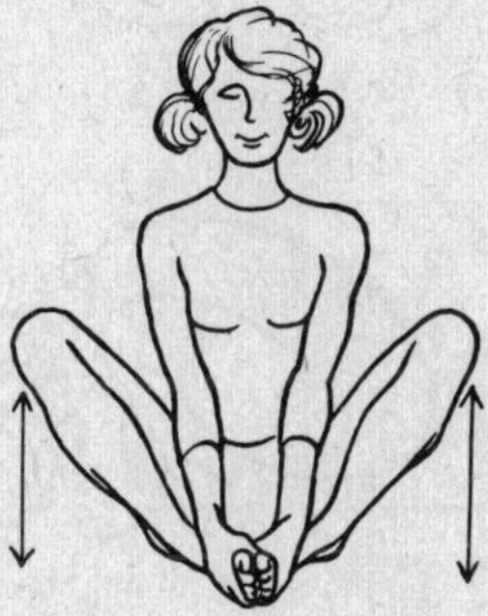

16. Hier versuchen wir die Leisten zu lockern:
Wir ziehen im Sitzen die Füße eng an den Körper heran, wobei wir die Fußsohlen gegeneinander legen. Die gefalteten Hände umschließen die Fußspitzen. Versuchen Sie, möglichst geradezusitzen! Nun holen wir mit den Knien bis zu den Schultern aus und lassen von dort die Knie locker nach unten fallen. Es soll Leute geben, die kommen mit den Knien bis zum Boden. Aber erzwingen Sie nicht diesen Idealrekord! Je lockerer Sie die Knie nach unten federn, desto besser wirkt die Übung.
In schnellem Tempo, so oft Sie wollen.

17. Die nächste Übung verstärkt die Wirkung der vorherigen: Die Ausgangsstellung ist die gleiche wie bei Nr. 16. Diesmal brauchen wir aber nicht geradezusitzen, wir beugen den Oberkörper sogar nach vorn, drehen auch die Ellbogen nach vorn und versuchen, die Unterarme vor die Füße zum Boden zu drücken, während wir gleichzeitig versuchen, das Becken etwas vom Boden zu lüpfen. So schaukeln wir vor und zurück. Es ist gleichgültig, ob Sie wirklich die Unterarme auf den Boden bringen und ob Sie das Becken vom Boden lösen können – ein Versuch ist Gold wert!
So oft Sie wollen, in nicht zu schnellem Tempo.

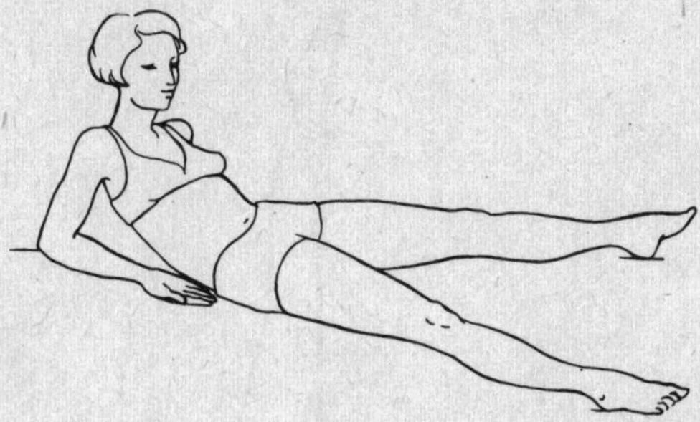

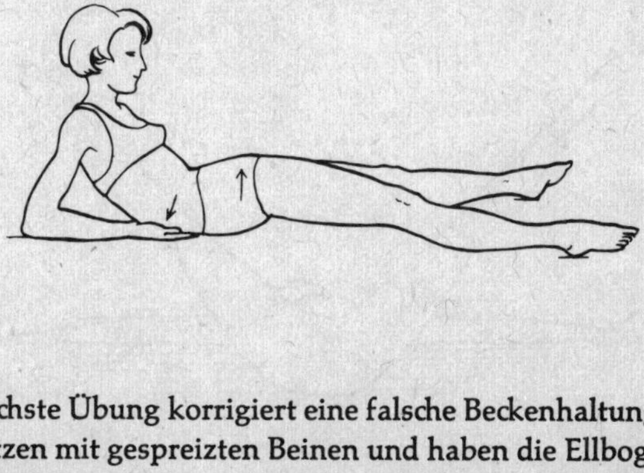

18. Die nächste Übung korrigiert eine falsche Beckenhaltung: Wir sitzen mit gespreizten Beinen und haben die Ellbogen rückwärts auf dem Boden aufgestellt. Schieben Sie die Ellbogen so weit zurück, wie Sie es selbst kaum für möglich halten. Die Handrücken liegen am Boden und die Handflächen ungefähr in Taillenhöhe. Der Rücken hängt rund durch. Nun heben wir das Becken mit dem Ausatmen vom Boden ab und versuchen gleichzeitig, das Kreuzbein auf die Handflächen hinunterzudrücken. Die Beine bleiben immer gestreckt. Wieder locker lassen und einatmen.
8 × in jeweils langsamen 4 Zeiten.

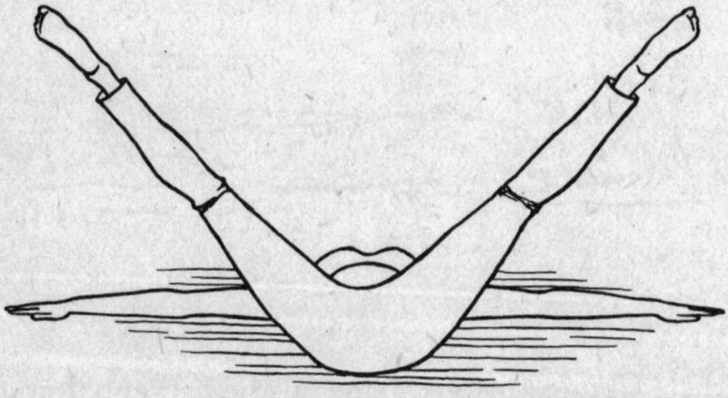

19. Die Innenseiten der Oberschenkel massieren Sie am besten so: Wir liegen auf dem Rücken, und die Beine sind senkrecht gehoben — natürlich gestreckt. Am besten legen Sie die Arme seitwärts in Schulterhöhe auf den Boden. Drücken Sie schon jetzt das Kreuzbein fest zum Boden, damit das Becken die richtige Haltung hat. Nun spreizen wir mit einem entschiedenen Ruck die Beine soweit wir können und schließen sie wieder.
16 × im Marschtempo.

20. Gegen die Hüftpolster können wir so angehen:
Wir liegen wieder auf dem Rücken, die gestreckten und gespreizten Beine in die Luft gehoben. Nun kippen wir die Hüfte nach rechts, daß die rechte Fußspitze seitwärts den Boden berührt. Wenn wir auf die andere Seite rollen, drücken wir jedesmal das Kreuzbein fest zum Boden. Die ausgebreiteten Arme und die Schultern bleiben bitte immer am Boden! Der Abstand der Beine soll immer gleich bleiben. Wenn Sie beim Über-dem-Rücken-Rollen ausatmen, erleichtern Sie sich die Übung.
8 × jeweils in langsamen 4 Zeiten.

21. Um die gesamte Beckenmuskulatur zu stärken, versuchen wir dies:
Wir setzen uns mit gestreckten und geschlossenen Beinen aufrecht auf den Boden. Die Hände fassen wir etwa in Brusthöhe, und halten sie ungefähr 30 cm vor dem Körper in der Luft. Nun führen wir das rechte Bein gebeugt über die Seite und schlagen es unter, daß die Fußspitze nach hinten zeigt und das Knie mindestens zur Seite weist. Gleichzeitig richten wir den Oberkörper betont auf und verlagern das Gewicht auf das rechte Knie. Dann wieder beide Beine vorn schließen. Anschließend mit dem anderen Bein. Bitte versuchen Sie das übende Bein nicht über dem Boden zu schleifen, sondern den Weg in der Luft auszuführen.
8 × abwechselnd in je 4 langsamen Zeiten.

22. Mit dieser Übung aktivieren wir die Beckenmuskulatur:
Wir legen uns auf den Rücken und stellen die geschlossenen Fersen ganz eng vor dem Becken auf dem Boden auf. Die Arme legen wir eng am Körper entlang auf den Boden. Nun stellen wir die rechte Fußsohle auf das linke Knie, wobei das rechte Knie nicht zur Seite ausweichen soll. Wir spannen nun die Beckenmuskulatur fest an und heben das Becken vom Boden auf. Die linke Leiste soll dabei fest nach oben gewölbt werden. Lassen Sie bitte gleichzeitig den ganzen Oberkörper völlig entspannt! Dann gehen wir wieder in die Ausgangsstellung zurück. Beim Anheben des Beckens bitte ausatmen und beim Entspannen wieder einatmen.
8 × jeweils in 4 langsamen Zeiten, dann die linke Fußsohle auf das rechte Knie aufstellen und die rechte Leiste zur Decke hochwölben.

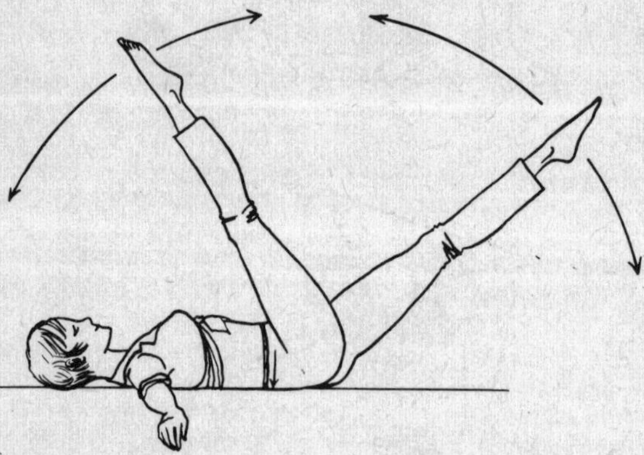

23. Eine ganz sichere Übung, um schlanke Hüften zu bekommen, schlage ich Ihnen hier vor:
Wir liegen auf dem Rücken, die Arme seitwärts in Schulterhöhe ausgebreitet. Die gestreckten und geschlossenen Beine haben wir zur Senkrechten in die Luft gehoben. Nun spreizen wir scherenartig immer ein Bein zum Boden und gleichzeitig das andere zur Nase im schnellen Wechsel. Um die Kraft für die Anstrengung an die richtige Stelle zu verlegen, drücken wir das Kreuzbein mit Kraft auf den Boden. Bei jedem Wechsel der Beine atmen wir in der Form aus, als würden wir eine Kerze auspusten. Die Schultern bleiben entspannt auf dem Boden liegen.
Beginnen Sie mit 10 ×, und steigern Sie täglich bis zu 50 ×, im eigenen Atemrhythmus.

24. Ein guter Ausgleich gegen zu langes Sitzen ist auch folgende Übung:
Wir knien uns auf den Boden und sitzen auf den Fersen. Die Fußspitzen sind dabei gestreckt. Lehnen Sie nun den Oberkörper etwas nach rückwärts, damit Sie die Hände hinter die Füße auf dem Boden aufstützen können – der Blick bleibt nach vorn gerichtet. Jetzt heben wir das Becken weit von den Fersen in Richtung über die Knie nach vorne und gehen wieder in die Ausgangsstellung zurück. Versuchen Sie bei dieser Übung aber nicht zu viel Kraft aus dem Rücken zu nehmen, sondern schieben Sie mehr die Leisten nach vorne.
8 × in jeweils langsamen 4 Zeiten.

25. Ein guter Test, ob die Beweglichkeit der Hüften noch vorhanden ist:
Wir knien mit geschlossenen Knien auf dem Boden. Die Hände sind vor dem Körper gefaßt und in Brusthöhe nach vorn gehalten. Nun setzen wir uns abwechselnd einmal links und einmal rechts neben die Füße auf den Boden. Immer wieder zwischendurch hoch auf die Knie aufrichten. Bitte, mogeln Sie nicht, — die Hände berühren dabei niemals den Boden! Zufrieden können Sie sein, wenn Sie nicht mit einem Plumps auf den Boden hinunterkommen, und Sie sich sehr elegant wieder auf die Knie aufrichten können.
16 × im Walzertempo.

26. Die nächste Übung kämpft wieder heftig gegen Speck in der Hüftgegend:
Wir knien auf dem Boden, die Arme sind seitwärts in Schulterhöhe ausgebreitet. Jetzt machen wir mit dem rechten Bein einen Schritt nach vorn und verlagern das Körpergewicht so weit nach vorn, daß das rechte Knie weit über die rechte Fußspitze ragt. Dann wieder zurück auf beide Knie und mit dem linken Bein üben. Versuchen Sie bitte, immer einen aufrechten Oberkörper zu halten! Die Ferse des übenden Beines bleibt während der Verlagerung am Boden.
Diese Übung können wir auch jeweils mit einem Schritt zur Seite versuchen, dann ist sie aber ein bißchen schwerer.
8 × abwechselnd in langsamen 4 Zeiten.

27. Um die Kraft in den Leisten zu verstärken:

Wir knien uns mit etwas geöffneten Knien auf den Boden. Die Arme sind seitwärts in Schulterhöhe ausgebreitet. Die Becken- und Bauchmuskeln sind fest angespannt, die Leisten sind flach nach vorn gedrängt, und das Kinn senken wir auf die Brust herunter. So, von den Schultern bis zu den Knien, flach wie ein Brett, kippen wir den Körper vorsichtig nach hinten, ohne dabei das Becken zu entspannen. Es soll Leute geben, die bei dieser Übung mit den Schultern rückwärts den Boden berühren können – aber seien Sie nicht zu ehrgeizig. Versuchen Sie soweit zu kippen, wie Sie die gerade Haltung des Körpers durchhalten können. Dann richten Sie sich wieder zur Ausgangsstellung auf. *8 × in langsamen 4 Zeiten.*

28. Eine wunderbare Übung, um die Beckenmuskeln zu trainieren: Wir liegen auf dem Bauch und haben die Unterarme auf dem Boden aufgestützt. Die Beine sind gespreizt, und wir versuchen, die Fersen nach innen zum Boden zu drücken. Nun drängen wir mit Kraft die Leisten zum Boden und heben gleichzeitig die gestreckten und gespreizten Beine ein paar Zentimeter in die Luft. Dabei atmen wir aus. Beim Einatmen entspannen wir wieder. Es hat aber gar keinen Zweck, wenn Sie die Knie nicht immer gestreckt halten!
8 × in langsamen 4 Zeiten.

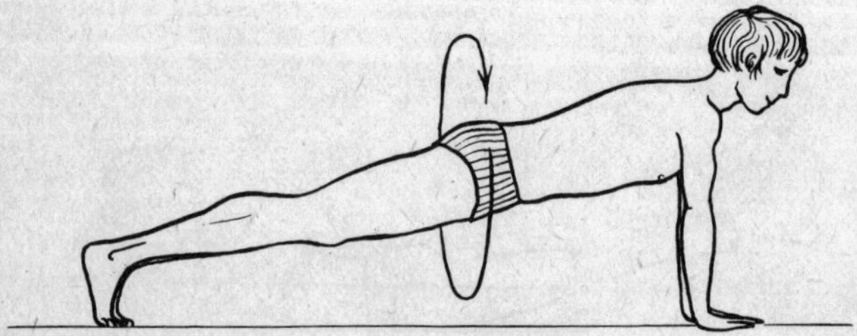

29. Nicht nur zur Beweglichkeit der Hüfte, sondern auch zur Stärkung der Mittelkörperkraft dient die nächste Übung:
Wir beginnen im Liegestütz. Die Hände befinden sich genau unter den Schultern, und die Fußspitzen sind aufgestellt. Ohne die Ellbogen zu beugen, lassen wir nun die Hüfte kreisen. Beim Heben der Hüfte weit nach oben ausholen, und beim Senken die Leisten fast am Boden schleifen lassen! Die Knie bleiben natürlich immer gestreckt.
16 × rechts herum und 16 × links herum im Walzertempo.

30. Mit der nächsten Übung dehnen wir die kurzen Leistensehnen, die für einen schönen aufrechten Gang so notwendig sind: Wir liegen auf dem Bauch und fassen mit der rechten Hand rückwärts das linke Fußgelenk. Die linke Hand stützen wir vor der Nase auf dem Boden auf. Nun versuchen wir, den linken Ellbogen zu strecken, daß der Oberkörper sich vom Boden abhebt, und gleichzeitig strecken wir das linke Knie, soweit es geht. Dadurch hebt sich dieses Knie etwas vom Boden ab. Drücken Sie gleichzeitig beide Leisten fest zum Boden! Dann wieder entspannen. Es genügt schon, wenn Sie erreichen, das Knie nur ein paar Millimeter vom Boden abzuheben. Später fassen wir mit der linken Hand das rechte Fußgelenk usw.

8 × jeweils in langsamen 4 Zeiten.

Flink auf den Beinen!

Eigentlich hätten die Beine allen Grund, sich zu beschweren – wenn sie könnten! Sie bieten uns wirklich unglaublich viele Bewegungsmöglichkeiten: gehen, laufen, springen, hocken, steigen usw. Die Beine tragen das ganze Körpergewicht, und sie sorgen für Balance. Wir verschwenden keinen Gedanken an diese Selbstverständlichkeiten sondern stöhnen nur, wenn die Beine mal nicht so wollen wie wir.

Sehen wir uns einmal einen beliebigen Tagesablauf des modernen Menschen an: Er steht morgens auf, um nach einem kurzen Frühstück die paar Schritte zum Lift zu gehen, der ihn bequem zum Erdgeschoß bringt, wo vor der Tür schon das Auto wartet. Am Arbeitsplatz angekommen findet sich wieder ein Aufzug, der ihn ohne Anstrengung in die gewünschte Etage hebt, wo sich unser Beispiel seufzend hinter den Schreibtisch setzt. Der Heimweg am Abend gestaltet sich nicht anders. Vor dem Fernsehschirm vollendet man den Rest des Tages. So übertrieben das auch klingen mag – mehr oder weniger stimmt die Geschichte doch!

Man darf sich deshalb nicht wundern, wenn die Beine sich dadurch rächen, daß ihre Muskeln immer schwächer werden, die Gelenke sich versteifen und anfangen zu knirschen, als ob Sand im Getriebe wäre. Schließlich benutzt ein so durch die Zivilisation träge gewordener Mensch zum Gehen gerade noch die Unterschenkel. Sie müßten einmal beobachten, wie ungeheuer komisch das wirkt!

Zu den Schönheitsmerkmalen des Körpers gehören selbstverständlich die Beine. Frauen wissen wohl, daß Männerblicke gern zu den Beinen wandern und prüfen, ob die Fesseln schlank, die Waden gut proportioniert sind und die Kniekehlen das gewisse Etwas zeigen. Die Mode gestattet sogar gar nicht so unerwünschte indiskrete Blicke auf weibliche Oberschenkel. Haben sich aber Fettpolster dort festgesetzt, ist es mit dem schönen Anblick vorbei.

Auch der Mann muß Bein zeigen. Die Zeiten der weiten Flatterhosen, die alle Unschönheiten verbargen, sind längst vorüber. Und am Badestrand muß er auf jeden Fall die nackten Tatsachen bekennen.

Man müßte schöne Beine haben! Aber das können Sie ja erreichen! Jedes Bein ist schön, das in all seinen Funktionsmöglichkeiten trainiert ist. Auf Muskeln, die regelmäßig bewegt werden, hält sich kein Fett. Zu dünne Waden können durch Kraftübungen wohlgeformt werden. Besondere Sorgfalt müssen wir den Oberschenkeln widmen. Hier brauchen wir ein Training in Form von verschiedenen Kniebeugen, Dehn- und Streckübungen, um gleichmäßig die beiden gegensätzlich wirkenden Muskeleinheiten anzureizen. Und vergessen Sie auch nicht Ihre armen, geplagten Füße!

Es soll hier aber nicht nur von Schönheitsidealen die Rede sein. Wichtig ist vor allem die Gesundheit!

Haben Sie schon einmal am Fuße einer Treppe gestanden und sich gefragt, wie Sie die wohl schaffen werden, weil Ihre Beine schwer und angeschwollen waren? Fehlt eine regelmäßige Bewegung des Körpers, wird der Kreislauf nicht genügend angetrieben. Die Durchblutung der peripheren Gefäße verschlechtert sich, es entstehen Stauungen, ja sogar Krampfadern. Im Bett können wir die Füße nicht mehr warm bekommen, und nachts schlafen sie uns mit einem unangenehmen Kribbeln ein. Auch Ärzte verschreiben bei diesen Symptomen nicht nur Medikamente, sondern empfehlen Gymnastik.

Lassen Sie es nicht erst dazu kommen, geben Sie sich einen Ruck, und verschreiben Sie sich selbst ein solches Training.

Die folgenden Übungsvorschläge sollen Ihnen helfen, fit zu bleiben!

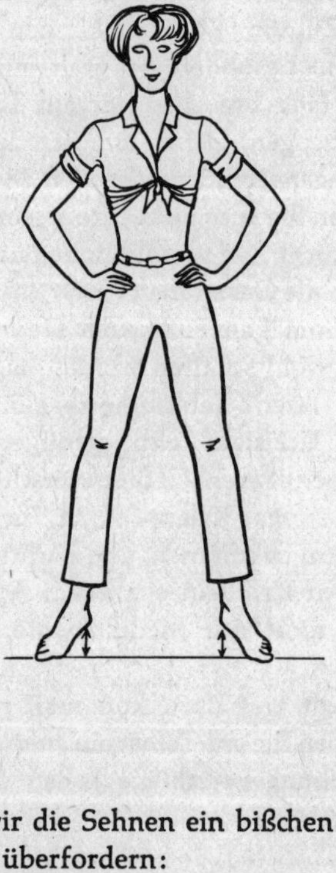

1. Zuerst müssen wir die Sehnen ein bißchen anwärmen, um die Muskeln nicht zu überfordern:
   Wir stehen mit gespreizten Beinen und haben die Hände in der Taille eingestützt. Die Ellbogen drücken wir etwas nach vorn, damit wir eine gerade Oberkörperhaltung haben können. Nun heben wir die Fersen und verlagern das Gewicht auf die großen Zehen. Aus dieser Ausgangsstellung federn wir nun die Fersen in schneller Folge zum Boden hinunter, wobei natürlich die Knie immer gestreckt bleiben sollen.
   16 × im Polkatempo – und dann schnell die Beine tüchtig ausschütteln!

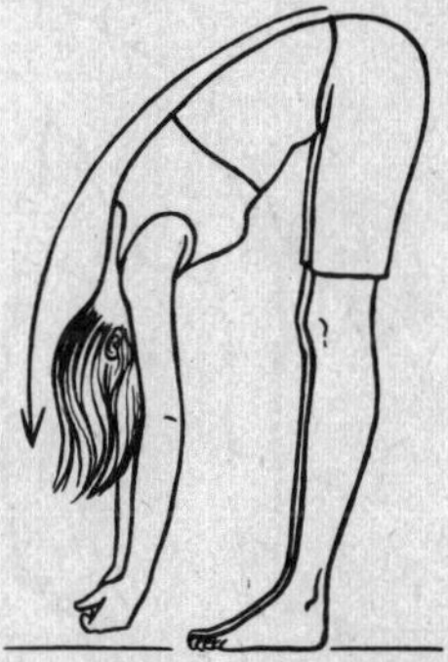

2. Zur Vorbereitung dient auch diese Übung:
Wir stehen mit geschlossenen Beinen und lassen den Oberkörper locker nach vorn fallen, daß die Arme zum Boden hängen. Kopf, Schultern und Arme bleiben ganz entspannt, nur die Knie sollen gestreckt sein. Mit dem Ausatmen federn wir nun den Oberkörper nach unten. Versuchen Sie bitte nicht, mit Kraft die Hände zum Boden zu ziehen. Sie kommen viel tiefer, wenn Sie entspannt nach unten federn.
16 × im Marschtempo.

3. Jetzt kommt schon die erste Dehnübung:
Wir gehen in die Hocke bei geschlossenen Füßen und legen die Hände vorn auf den Boden auf. Bitte, jetzt nicht mogeln! Die Hände bleiben immer auf dem Boden – niemals die Handwurzeln vom Boden lüpfen! Am besten, Sie verlagern das Körpergewicht stark auf die Hände. Nun senken wir die Fersen und strecken die Knie. Wenn Sie das nicht schaffen, ohne die Handwurzeln vom Boden zu lösen, dann schieben Sie die Hände lieber ein Stückchen weiter nach vorn, dann wird es gehen! 4 Zeiten warten und wieder in die Ausgangsstellung zurück.
8 × in 4 langsamen Zeiten.

4. Schlanke Beine macht die nächste Übung:
Wir stehen in Schrittstellung – das rechte Bein hinten, das linke Bein vorn. Die Hüfte sollte frontal bleiben, also nicht aufklappen! Die Arme hängen einfach seitwärts neben dem Körper. Wenn wir nun das rechte Bein gestreckt rückwärts zur Decke schlagen, senken wir gleichzeitig den Oberkörper nach vorn und legen die Hände vor dem linken Fuß auf den Boden. Dann wieder aufrichten und in die Schrittstellung zurück. Beide Beine bleiben immer gestreckt. Aber bitte nicht zuerst den Oberkörper senken und dann erst das Bein rückwärts hochschlagen. Die Bewegung geht gleichzeitig!
8 × im Marschtempo, und dann mit dem anderen Bein üben.

5. Auf unsere Füße nehmen wir leider immer zu wenig Rücksicht. Hier ist eine gute Fußmassage:
Wir stehen mit geschlossenen Füßen (Fersen und Fußspitzen geschlossen) und haben die Knie ein bißchen gebeugt. Der Oberkörper ist leicht nach vorn gebückt, und die Hände haben wir hinter dem Rücken zusammengelegt. Nun schieben wir die Knie noch ein bißchen nach vorn und heben gleichzeitig die Fersen, so hoch es nur geht. Das geschieht bei 1. Bei 2 rollen wir über die Fußsohlen zurück auf die Fersen, heben die Fußspitzen vom Boden ab und strecken gleichzeitig die Knie. So schaukeln wir vor und zurück.
16 × im langsamen Dreiertempo.

6. Zur Stärkung der Oberschenkelmuskeln versuchen wir dies: Wir stehen aufrecht, die rechte gestreckte Fußspitze vorne auf den Boden aufgetippt. Die Arme sind seitwärts in Schulterhöhe ausgebreitet. Beide Hüften sollten auf gleicher Höhe sein! Nun heben wir das rechte Bein, führen es in hohem Bogen zur Seite und tippen dort die Fußspitze auf. Heben und rückführen, heben und seitwärts führen. Die Beine bleiben immer beide gestreckt! Der Oberkörper darf sich dabei nicht bewegen. Um das Bein anzuheben, spannen Sie bitte immer fest die Bauchmuskeln. Es ist nicht wichtig, wie hoch Sie das Bein führen können, sondern daß die Haltung immer korrekt bleibt.
4 Runden im Walzertempo, dann mit dem anderen Bein üben.

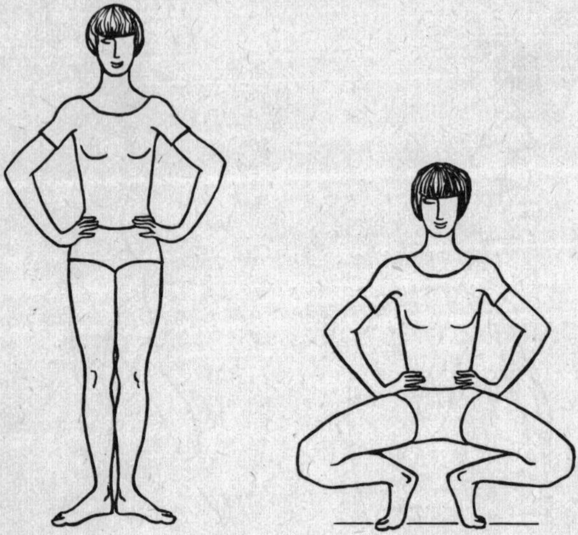

7. Es gibt verschiedene Kniebeugen. Die erste dient gleichzeitig der guten Haltung:
Wir stehen mit geschlossenen Fersen, die Fußspitzen etwas nach außen gedreht. Die Hände stützen wir in der Taille ein, ohne die Ellbogen nach hinten zu pressen. Bauch- und Beckenmuskeln sind fest angespannt. Nun beugen wir langsam die Knie, wobei wir sie weit öffnen. Das Steißbein zieht in Richtung vor die Fersen, die sich vom Boden lösen, und der Oberkörper wächst immer länger, je tiefer wir sinken. Nicht den Oberkörper nach vorn bücken! Beim Aufrichten drängen Sie das Brustbein stark nach oben, während Sie die Knie strecken.
8 × in 4 Walzertakten senken, und in 4 Walzertakten wieder strecken.

8. Die nächste Kniebeuge stärkt die gesamte Beinmuskulatur und kann sogar gedehnte Innenbänder (Skiunfall?) bessern: Wir stehen wieder mit geschlossenen Beinen, aber diesmal sind Fersen und Fußspitzen geschlossen. Wir heben die Fersen, pressen sie fest zusammen und drücken auch die Knie fest aneinander. Die Arme halten wir mit gefaßten Händen in Brusthöhe vor dem Körper. In langsamen 4 Zeiten senken wir nun das Becken auf die Fersen und achten auf einen betont aufrechten Oberkörper. Wenn wir nun wieder in langsamen 4 Zeiten die Beine strecken und uns zum Stehen aufrichten, versuchen wir die Fersen nicht zu senken, sondern sie vielmehr noch höher vom Boden abzuheben.
8 × im angegebenen Tempo.

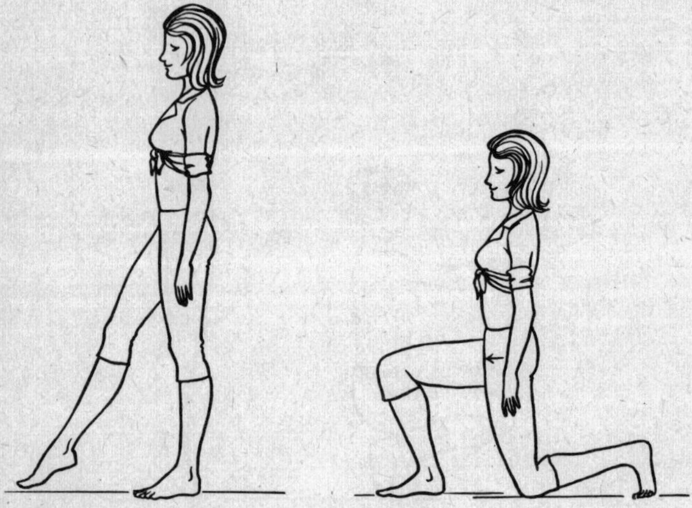

9. Die folgende Kniebeuge ist ein bißchen abgewandelt und dient hauptsächlich der Stärkung der Oberschenkelmuskeln:
Wir stehen mit geschlossenen Beinen, die Arme hängen einfach seitwärts am Körper herunter. Jetzt machen wir mit dem rechten Bein einen Schritt nach vorn und senken gleichzeitig das linke Knie zum Boden. Dabei versuchen wir, die linke Leiste stark nach vorne zu drängen und den Oberkörper sehr gerade zu halten. Dann richten wir uns wieder auf und gehen in die Ausgangsstellung zurück. Beim Aufrichten drängen wir das Brustbein stark nach oben. Dann macht das linke Bein einen Schritt nach vorn usw.
8 × in langsamen 4 Zeiten.

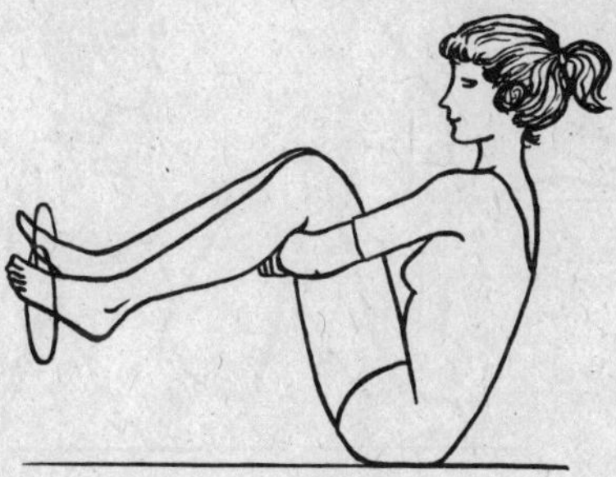

10. So können sich Ihre Füße vom langen Stehen erholen:
Wir setzen uns mit angezogenen Beinen auf den Boden. Die Arme schlingen wir unter den Kniekehlen zusammen und lassen die Füße in der Luft so hängen. Wir balancieren also nur auf dem Steißbein. In dieser Haltung beginnen wir nun mit den Füßen zu kreisen. Und zwar sollten dabei die Unterschenkel ganz ruhig bleiben, nur die Fußspitzen beschreiben immer größer werdende Kreise.
16 × kreisen wir nach innen und 16 × nach außen im Walzertempo.

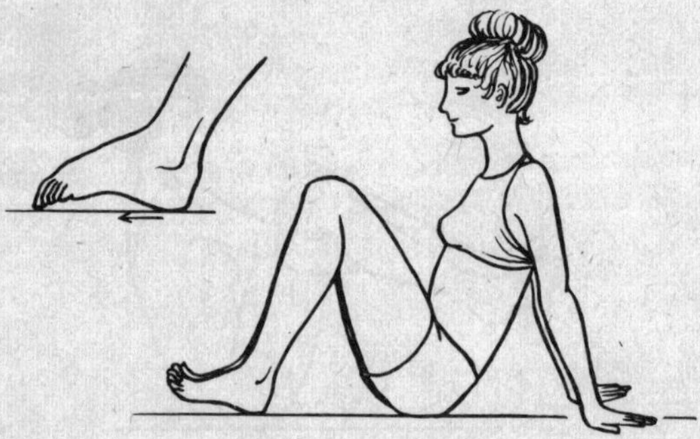

11. Hier ist auch gleich eine Übung gegen Senkfuß:
Wir sitzen wieder mit angezogenen Beinen auf dem Boden, die Fersen sind dicht vor dem Becken auf dem Boden aufgestellt. Die Hände stützen wir bequem rückwärts auf dem Boden auf. Nun heben wir die Zehen hoch vom Boden ab, drücken sie möglichst lang ausgestreckt auf den Boden herunter und rutschen mit den Fersen so nahe wie nur möglich an die Zehen heran. Auf diese Weise rutschen die Füße immer weiter nach vorn. Halten Sie bei dieser Übung bitte immer die Knie und die Fersen eng zusammen. Wenn die Füße zu weit nach vorn gewandert sind, dann ziehen Sie die Fersen wieder eng an das Becken heran und beginnen von neuem.
8 × den Weg langsam gehen.

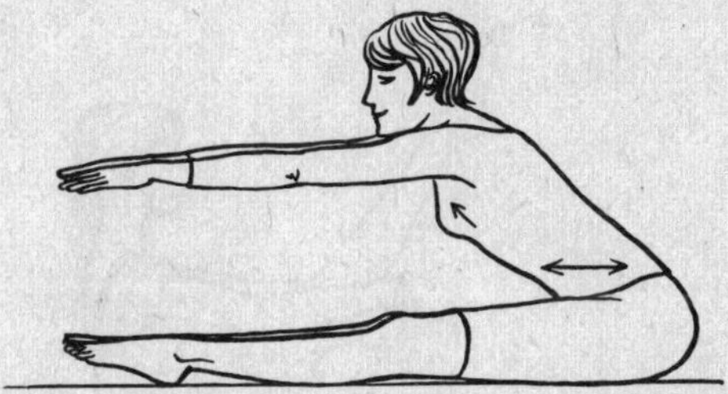

12. Dies ist eine Übung für Anfänger. Sie streckt die Kniekehlen: Wir sitzen mit gestreckten und geschlossenen Beinen aufrecht und halten die Arme in Schulterhöhe nach vorn. Indem wir ausatmen, federn wir den Oberkörper nach vorn, daß die Hände über die Füße reichen. Versuchen Sie aber dabei, den Rücken möglichst gerade zu halten und die Kraft für die Übung nicht aus den Schultern zu ziehen. Arme und Schultern bleiben möglichst entspannt. Nur durch das Ausatmen wippt der Oberkörper nach vorn.
16 × im eigenen Atemtempo.

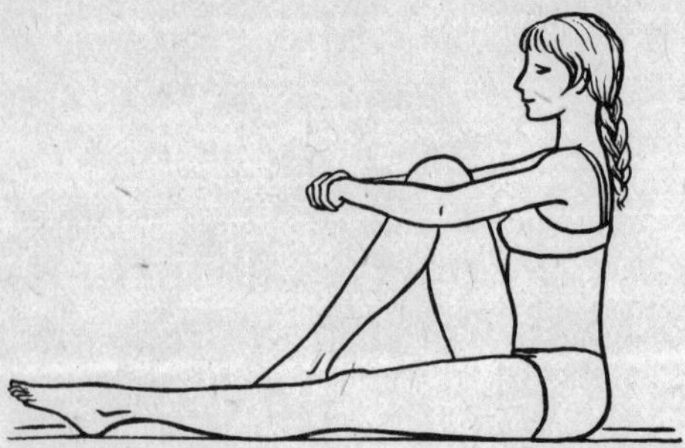

13. Wenn Ihnen die nächste Übung nicht gelingt, ist das ein Zeichen dafür, daß der Bauch zu dick geworden ist:
Wir sitzen mit gestreckten Beinen auf dem Boden und fassen die Hände vor dem Körper, daß die Arme einen Ring bilden. Nun fädeln wir zuerst das rechte Bein durch diesen Ring und strecken es in der Luft aus. Wieder zurückfädeln, und dasselbe mit dem anderen Bein versuchen. Natürlich geht das leicht, wenn Sie beim Einfädeln das Knie zur Seite ausweichen lassen. Aber eigentlich dürfte das nicht sein, wenn Sie die Übung richtig ausführen wollen. Versuchen Sie immer wieder, eine sehr gerade Oberkörperhaltung einzunehmen.
8 × abwechselnd im Marschtempo.

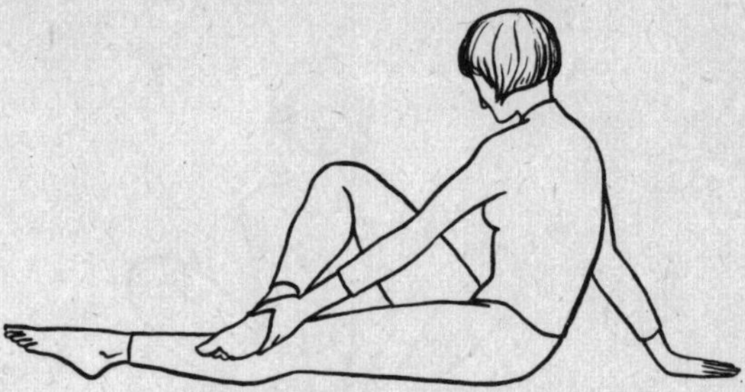

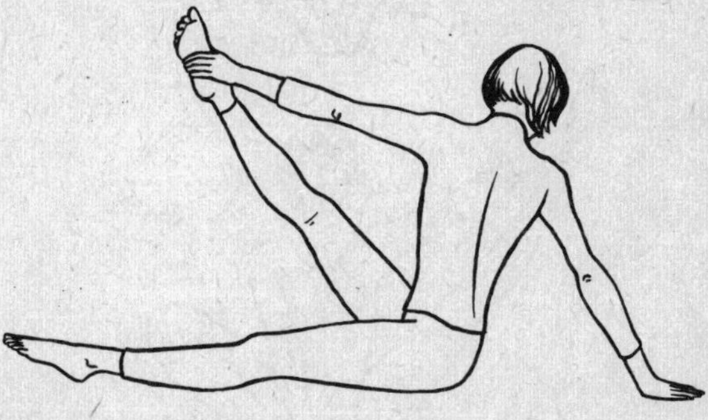

14. Wichtig ist es, die Sehnen in den Kniekehlen immer wieder zu dehnen, damit die Beweglichkeit der Beine nicht mit der Zeit nachläßt:

Wir setzen uns wieder mal auf den Boden, das linke Bein gestreckt und das rechte Bein so gebeugt, daß der Fuß auf dem linken Knie liegt und das rechte Knie zur Seite hängt. Wir fassen mit der linken Hand die rechte Fußsohle. Die rechte Hand haben wir rückwärts auf dem Boden aufgestellt. Nun strecken wir das rechte Knie (ohne loszulassen!) und drehen gleichzeitig den Oberkörper nach rechts, indem wir versuchen, den Rücken stark durchzudrücken. Dann wieder entspannen und in die Ausgangsstellung zurück. Seien Sie bitte nicht zufrieden, wenn Sie das Knie gestreckt haben – wichtig ist der Gegendruck von der Wirbelsäule her.

8 × in langsamen 4 Zeiten, und dann mit dem anderen Bein üben.

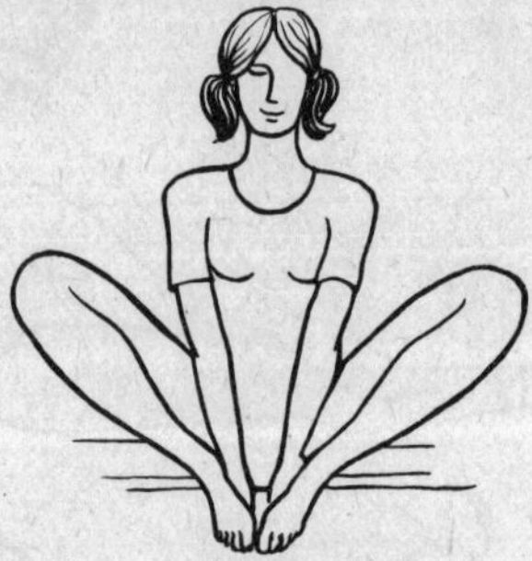

15. Zur Streckung dient auch die nächste Übung. Sie kämpft aber auch gegen den lästigen Speck an den Innenseiten der Oberschenkel:

Wir sitzen auf dem Boden mit angezogenen Beinen, und zwar so, daß die gestreckten Fußspitzen sich berühren und die Knie geöffnet sind. Wir fassen von innen die Fußsohlen und versuchen, ganz gerade zu sitzen. Nun strecken wir zuerst das rechte Bein, versuchen es seitwärts zu ziehen, fast bis hinter die Schulter, und drängen das Brustbein so weit nach oben, daß der Rücken stark durchgedrückt ist. Dann wieder entspannen und in die Ausgangsstellung zurück. Nun kommt das andere Bein dran.

8 × abwechselnd in langsamen 4 Zeiten.

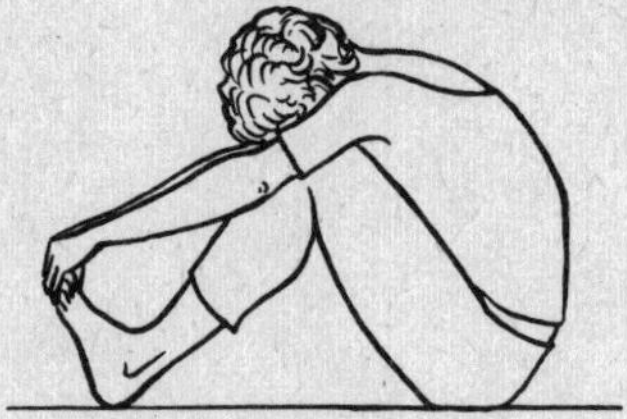

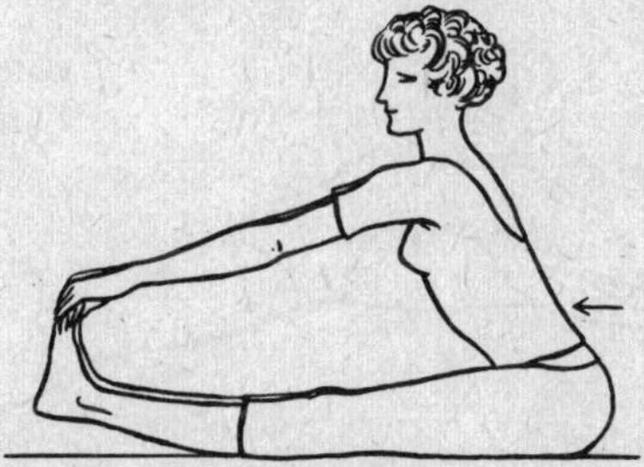

16. Eine wunderbare Dehnübung, die auch für die Wirbelsäule gut ist:
Wir sitzen mit etwas angewinkelten Beinen auf dem Boden und fassen mit den Händen die nach oben aufgestellten Fußspitzen. Festhalten, nicht mehr loslassen! Die Nase senken wir zu den gebeugten Knien herab. Dann schieben wir die Fersen auf dem Boden nach vorn, bis die Knie gestreckt sind, und ziehen die Fußspitzen gleichzeitig mit den Händen zum Körper, daß die Fersen nicht mehr den Boden berühren. Dabei heben wir den Kopf und versuchen, ein ›Hohlkreuz‹ zu machen. Abwechselnd beugen mit rundem Rücken und strecken mit durchgedrücktem Rücken.
8 × in langsamen 4 Zeiten.

17. Wem die vorhergehende Übung nicht gelang, versucht die etwas leichtere Version:
Wir sitzen mit weitgespreizten Beinen auf dem Boden. Man kann meistens ein bißchen weiter spreizen, als man glaubt! Die Knie sind natürlich gestreckt. Nun fassen wir mit beiden Händen das rechte Fußgelenk. Bitte, an der gleichen Stelle beide Hände, und nicht mehr loslassen! Dann ziehen wir den Oberkörper an das rechte Bein heran, indem wir die Ellbogen anbeugen. Das Kinn zielt in Richtung über die Fußspitze! Am besten ist es, wenn Sie bei jedem Heranziehen ausatmen.
16 × im eigenen Atemrhythmus, und dann mit dem anderen Bein üben.

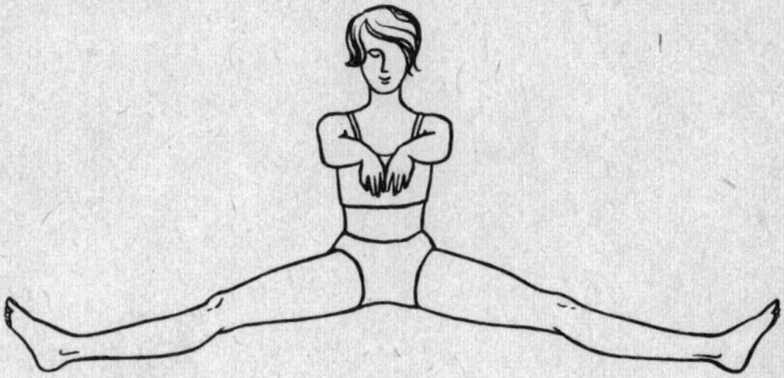

18. Die Beweglichkeit der Beine aus dem Hüftgelenk heraus fördern wir mit dieser Übung:
Wir sitzen mit weitgespreizten Beinen aufrecht. Die Knie sind fest gestreckt, und der Oberkörper ist sehr gerade. Nun führen wir mit den Armen die Brustschwimmbewegung aus. Durch diesen Schwung können wir den Oberkörper weit nach vorn legen, so daß eventuell die Brust den Boden kurz berührt. Bei jedem Schwung nach vorn bitte ausatmen, als ob man eine entfernt stehende Kerze auspusten will. Öffnen Sie bitte sehr schnell die Arme, damit der Rücken immer durchgedrückt bleiben kann. Das Kinn heben wir dabei an. Es ist nicht wichtig, wie weit Sie die Brust dem Boden nähern können, sondern daß Sie vermeiden, einen runden Rücken zu machen.
16 × im eigenen Atemrhythmus.

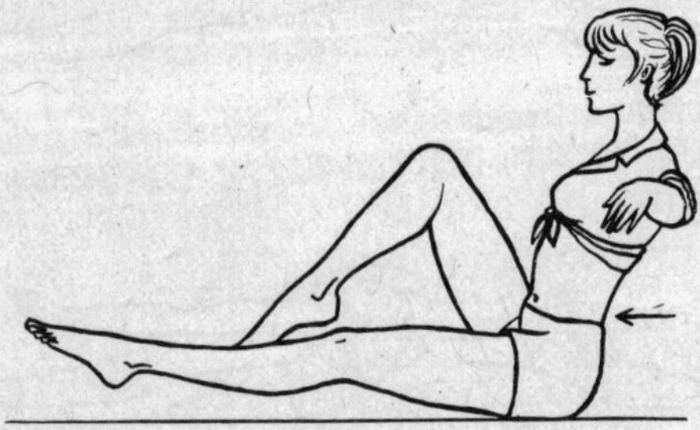

19. Um die eventuellen Fettpolster um die Kniegelenke zu beseitigen und die Oberschenkel schlank zu halten, schlage ich folgendes vor:
Wir sitzen aufrecht auf dem Boden, die Arme seitwärts in Schulterhöhe ausgebreitet. Das rechte Knie haben wir zur Brust herangezogen mit gestreckter Fußspitze. Wenn wir nun das rechte Bein 2 cm über dem Boden nach vorn ausstrecken – mit einem Stoß –, ziehen wir gleichzeitig das linke Knie gebeugt zur Brust heran usw. Damit die Oberkörperhaltung immer korrekt bleibt, drücken wir das Brustbein sehr hoch. Die Schultern sollten dabei ganz locker bleiben. Die Beine berühren während dieser Übung nicht mehr den Boden!
16 × im Marschtempo.

20. Schlanke Oberschenkel fördert auch die nächste Übung:
Wir sitzen mit geschlossenen und gestreckten Beinen auf dem Boden und stützen die Unterarme rückwärts auf dem Boden auf. Die Ellbogen sollen parallel nach hinten zeigen, und die Hände dürfen nicht unter dem Rücken liegen, sondern neben dem Körper. Rutschen Sie mit dem Becken sehr weit nach vorn, damit der Rücken rund durchhängen kann. Jetzt schlagen wir abwechselnd einmal das rechte, einmal das linke gestreckte Bein in Richtung Nase nach oben. Dabei atmen wir immer aus und drücken mit Kraft das Kreuzbein rund zum Boden hinunter.
16 × abwechselnd im Marschtempo.

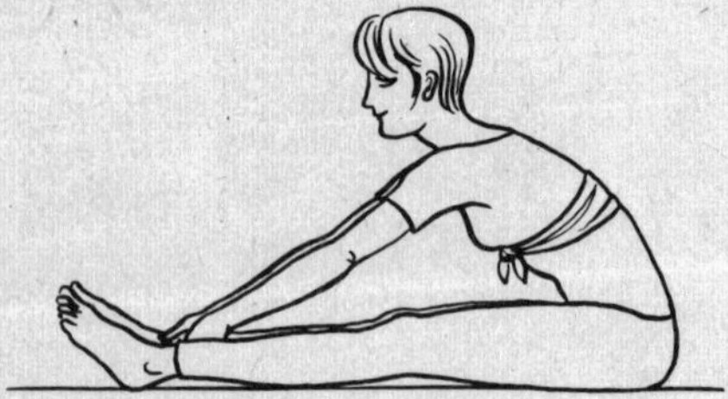

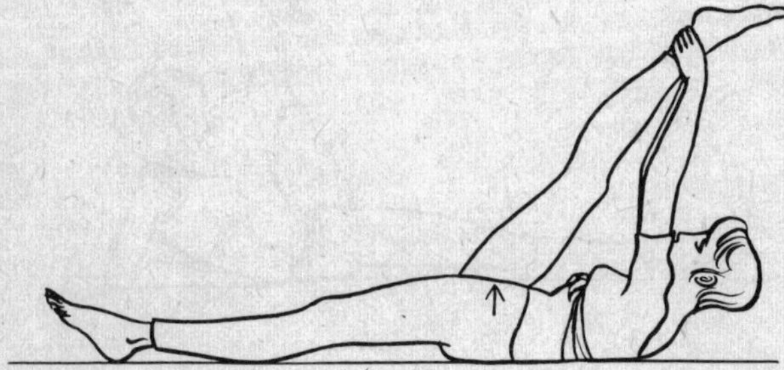

21. Nicht nur für schlanke gestreckte Beine sorgt diese Übung, sondern sie bekämpft auch die Fettpolster an der Innenseite der Oberschenkel:
Wir sitzen mit gestreckten geschlossenen Beinen und fassen mit beiden Händen das rechte Fußgelenk. Beide Knie bleiben immer gestreckt! Wir nehmen nun das rechte Bein mit, wenn wir über den Rücken rollen, wobei das linke Bein gestreckt am Boden bleiben soll. Dann kommen wir wieder in die Ausgangsstellung zurück. Je schwungvoller Sie nach rückwärts rollen, desto leichter kommen Sie wieder zum Sitzen hoch.
8 × im schwungvollen Dreierrhythmus, und dann mit dem anderen Bein üben.

22. Eine ausgezeichnete Kraftübung nicht nur für die Beine, sondern gleichzeitig auch für die Bauchmuskeln:
Wir liegen mit gestreckten und geschlossenen Beinen auf dem Rücken und haben die Arme seitwärts in Schulterhöhe ausgebreitet. Indem wir ausatmen, drücken wir das Kreuzbein fest auf den Boden und können so die gestreckten Beine zur Senkrechten anheben. Dann spreizen wir die Beine in der Luft, senken die gespreizten Beine zum Boden und schließen sie wieder am Boden schleifend. Wichtig ist dabei, daß die Beine immer bis über die Fußspitzen hinaus gestreckt bleiben!
8 × in langsamen 4 Zeiten, und dann andersherum (am Boden spreizen, heben, schließen, senken) die Übung versuchen.

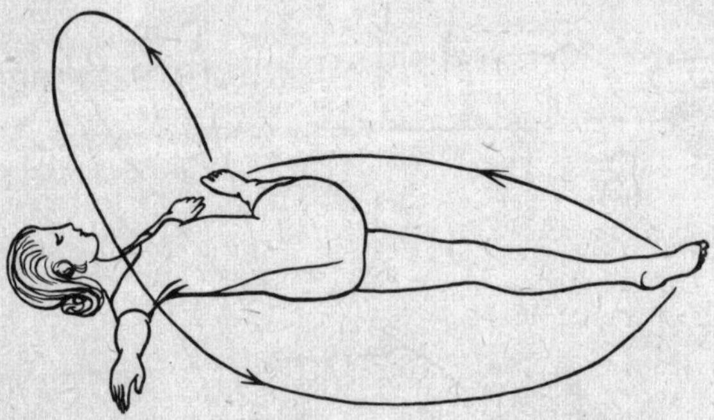

23. Um den Aktionsradius der Beine zu vergrößern, versuchen wir die nächste Übung:
Wir liegen auf dem Rücken, die Arme seitlich ausgebreitet. Nun führen wir das gestreckte rechte Bein am Boden schleifend zur linken Hand, dann weiter an der Nase vorbei (oder wie hoch Sie kommen!) zur rechten Hand und am Boden schleifend wieder in die Ausgangsstellung zurück. Achten Sie bitte darauf, daß beide Schultern immer am Boden bleiben und das linke Bein seinen Platz nicht verläßt. Die Hüfte darf sich allerdings verdrehen.
8 × in langsamen 4 Zeiten, und dann mit dem anderen Bein üben.

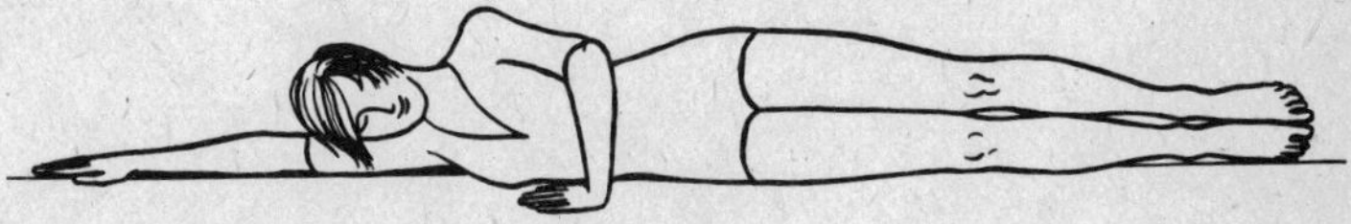

24. Schlanke Oberschenkel können Sie auch hierdurch erreichen: Wir liegen auf der rechten Seite. Der rechte Arm ist unter dem Kopf ausgestreckt, und die linke Hand stützen wir vor der Brust auf dem Boden auf. Die Beine liegen gestreckt übereinander. Die Bauch- und Beckenmuskeln sind fest angespannt, so daß der Körper von der rechten Hand bis über die Fußspitzen hinaus eine gerade Linie zeigt. Jetzt schlagen wir das linke Bein seitwärts zur Decke hoch und senken es wieder. Dabei sollte das Knie immer nach oben gedreht sein. Achten Sie bitte darauf, daß das Becken nicht nach hinten ausweicht!
16 × im schnellen Marschtempo, und dann mit dem anderen Bein üben.

25. Zwischendurch noch eine Übung für die Füße, und zwar gegen Senkfuß:
Wir knien mit geschlossenen Beinen und sitzen auf den Fersen. Die Fußspitzen sind gestreckt. Das allein dürfte manchem schon nicht ganz leicht fallen! Der Oberkörper ist aufrecht, und die Arme sind seitwärts ausgebreitet. Nun legen wir den Oberkörper etwas nach rückwärts, daß wir die Knie ein paar Zentimeter vom Boden abheben können. Wichtig dabei ist aber, daß wir die Fersen immer fest beieinander halten! So schaukeln wir immer wieder vor und zurück.
Mit 8 × beginnen, später einige Male mehr.

26. Eine gute Fußübung, die auch zu schwache Waden stärkt:
Wir liegen auf dem Rücken, die Arme sind in Schulterhöhe seitwärts ausgebreitet. Die gestreckten und geschlossenen Beine haben wir zur Senkrechten erhoben. Das fällt uns leichter, wenn wir das Kreuzbein fest auf den Boden drücken. Nun klappen wir die Fußsohlen steil ab, daß die Fußspitzen möglichst nach unten zeigen – ohne die Knie zu beugen! Dann strecken wir die Fußspitzen wieder lang aus. Der Unterschied zwischen Abklappen und Strecken sollte jedesmal größer werden!
16 × im Marschtempo.

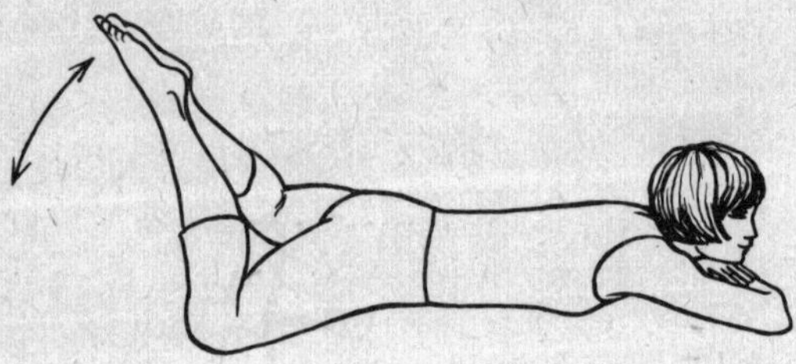

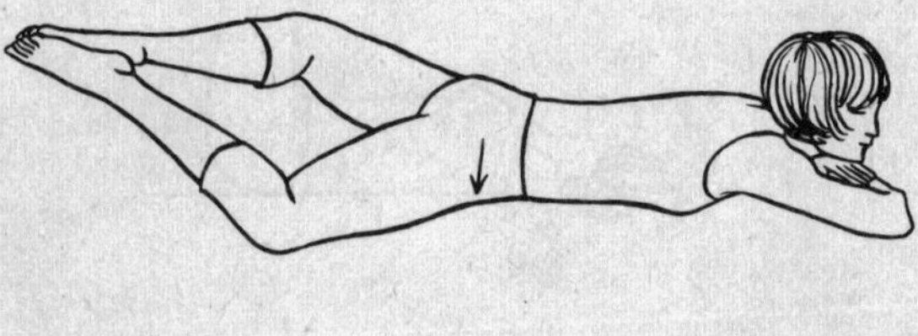

27. Wenn Sie gegen X-Beine etwas unternehmen wollen, dann schlage ich Ihnen diese Übung vor:
Wir liegen auf dem Bauch und haben das Kinn auf die Hände gelegt. Die weitgespreizten Beine winkeln wir ab, so daß die Fußspitzen sich in der Luft berühren können. Nun versuchen wir, die Füße gemeinsam zum Boden herunterzufedern, ohne daß die Leisten sich vom Boden lösen! Zuerst wird Ihnen das nicht gelingen. Aber mit viel Geduld wird es immer besser werden.
So oft Sie Lust haben.

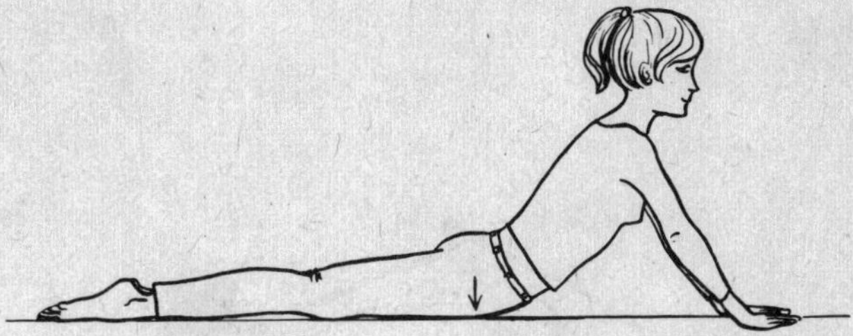

28. Die Beweglichkeit in den Leisten fördern Sie damit:
Wir liegen auf dem Bauch und stützen die Hände vor den Schultern auf den Boden auf. Die Beine sind geschlossen. Jetzt strecken wir die Ellbogen, so daß sich der Oberkörper vom Boden abhebt. In dieser Haltung führen wir zuerst das rechte Bein am Boden schleifend so weit wie möglich zur Seite und achten darauf, daß die Leisten immer fest am Boden bleiben. Dann wieder in die Ausgangsstellung zurück und mit dem anderen Bein üben. Der Kopf soll dabei immer nach vorn gerichtet sein.
8 × abwechselnd in langsamen 4 Zeiten.

29. Eine mühsame, aber sehr wirksame Übung für Leute, die viel sitzen müssen:
Wir liegen auf dem Bauch und haben die Knie abgewinkelt, so daß wir mit beiden Händen die Fußspitzen fassen können. Die Knie sind geschlossen. Mit dem Ausatmen drücken wir mit den Händen die Fersen fest auf das Becken hinunter. Die Leisten drücken wir zusätzlich fest auf den Boden. Und so versuchen wir, die geschlossenen Knie etwas vom Boden abzuheben. Bis 4 zählen, und mit dem Einatmen wieder entspannen.
8 × in langsamen 4 Zeiten.

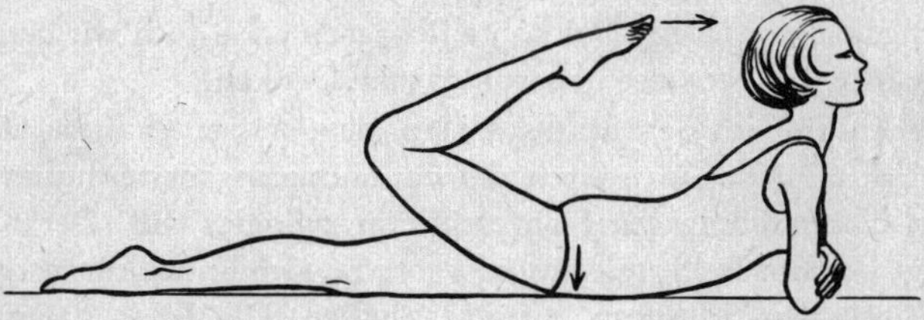

30. Zur Lockerung der Beine noch eine leichte Übung:
Wir liegen auf dem Bauch und haben die Arme unter der Brust verschränkt, so daß die Ellbogen genau unter den Schultern aufgestützt sind. Die Beine sind geschlossen. Nun versuchen wir abwechselnd, einmal das rechte, einmal das linke Bein gebeugt rückwärts so hochzuschlagen, daß – im Idealfall – vielleicht die Fußspitze den Kopf berührt. Achten Sie bitte darauf, daß beide Leisten immer fest am Boden bleiben.
8 × abwechselnd im Marschtempo.

Man trägt nicht mehr auf den Schultern!

In früheren Zeiten wurden die Schulter- und Armmuskeln zwangsläufig durch körperliche Arbeit — die uns heute weitestgehend durch Maschinen abgenommen wird — kräftig in Bewegung gehalten. Die Verschiedenartigkeit der Beanspruchung und die dadurch erworbene Elastizität ließen eine Verkrampfung nur schwerlich zu. Aber wir machen es uns jetzt leichter. Schwere Lasten werden geliefert, oder wir transportieren sie mit dem Auto. Nur noch die Hausfrau muß die Einkaufstasche schleppen. Hoffentlich ist sie gescheit genug, zwei Taschen zu tragen und das Gewicht gleichmäßig auf beide zu verteilen. Den Schulranzen tragen heute nur noch die ganz kleinen Kinder, die Größeren finden eine Kollegmappe einfach schicker.

Die Schulter- und breiten Rückenmuskeln sind also jetzt beschäftigungslos geworden? Das sollte man meinen — doch wir benutzen sie merkwürdigerweise neuerdings zum Denken!

Sehen Sie sich den Studenten an, den Wissenschaftler, den an den Schreibtisch Gefesselten, der mit hochgezogenen Schultern sich trotz Übermüdung zur Konzentration zwingen will! Der Körper hängt kraftlos im Stuhl, und er versucht, sich unwillkürlich gerade noch mit den Schultern aufrechtzuhalten. Die Folge davon sind natürlich Verkrampfungen im Nacken, Müdigkeit durch zu wenig Sauerstoffzufuhr und Kopfschmerzen. Voller Verzweiflung versucht er, sich mit starkem Kaffee und Drogen wachzuhalten. Natürlich mit geringem Erfolg.

Jeder Beruf, der Konzentration verlangt, kann zu diesen Verkrampfungen führen. Aber es ist nicht allzuschwer, sie wieder zu beheben.

Die beste Erholung nach mehrstündiger konzentrierter Arbeit ist wirklich Gymnastik. Nicht nur, daß die Muskeln gelockert werden, sondern dazu wird noch der Kreislauf angeregt, die Atmung beschleunigt — Ihre Denkmaschinerie kann ausruhen. Studenten haben mir mehrfach bestätigt, daß sie nach der Gymnastik sehr viel aufnahmefähiger sind.

Im Gegensatz zu allen anderen Kapiteln dieses Buches habe ich hier besonderen Wert auf Lockerungsübungen gelegt. Ich finde dies angebracht in einer Zeit, in der es Mühe macht, einen Weg zur Entspannung zu finden. Wohlweislich biete ich Ihnen jedoch auch Kraft- und Dehnübungen an, um Ihren jugendlichen Elan zu erhalten.

Für die Damen habe ich da noch einige verlockende Tips zur Straffung der Brustmuskulatur, um auch noch das tiefste Dekolleté reizvoll erscheinen zu lassen. Nehmen Sie die Gelegenheit wahr! Aber glauben Sie nicht, daß die Wirkung schon nach einer Woche zu sehen ist. Auch hierfür braucht man Geduld.

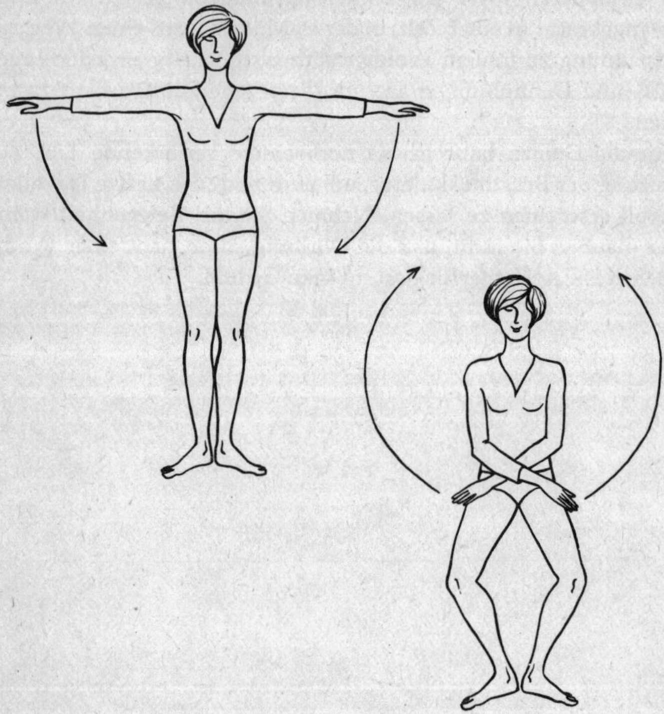

1. Zuerst lockern wir Schultern und Arme:
   Wir stellen uns mit geschlossenen Fersen auf, die Fußspitzen etwas nach außen gedreht. Die Arme breiten wir in Schulterhöhe seitwärts aus. Nun führen wir mit den Armen große Kreise aus, d. h., die Arme erst senken, dann vor dem Körper kreuzen, bis zur Decke anheben und wieder ausbreiten. Das geschieht in schnellem Schwung, wobei die Knie jedesmal etwas nachgeben, wenn wir die Arme fallen lassen. Die Knie öffnen sich dabei etwas zur Seite. Der Oberkörper bleibt bitte ganz ruhig! Die Arme sollen dabei ganz locker fliegen.
   16 × in schnellem Dreiertakt.

2. Mit dieser Dehnübung sorgen wir für gute Oberkörperhaltung: Mit gespreizten Beinen stellen wir uns auf, die Arme schräg nach oben seitwärts geöffnet, die Handflächen nach vorn. Wenn wir nun die gestreckten Arme in dieser Höhe nach rückwärts federn, müssen wir unbedingt darauf achten, daß sich das Becken keinesfalls bewegt! Also müssen wir die Bauch- und Beckenmuskeln fest anspannen. Die Knie bleiben immer gestreckt.

16 × im Walzertempo.

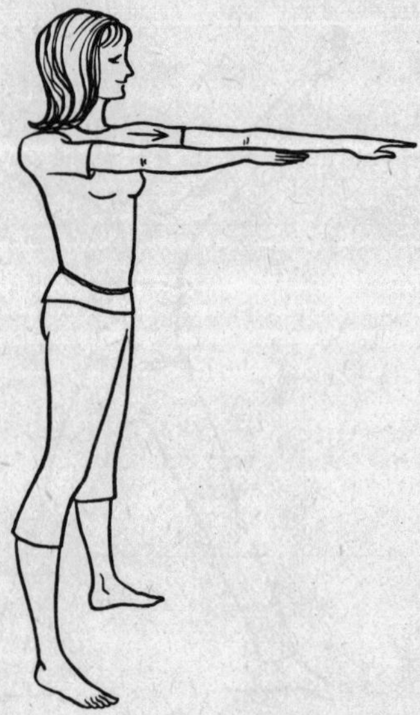

3. Diese Übung lockert Verkrampfungen in der Nackengegend: Bleiben wir gleich mit gespreizten Beinen stehen und strecken die Arme in Schulterhöhe nach vorn aus. Jetzt stoßen wir einmal den rechten Arm, einmal den linken Arm von der Schulter her nach vorn, so daß die ganze Schulterpartie sich drehen muß. Der Stoß muß sehr stark akzentuiert ausgeführt werden, und die Ellbogen müssen gestreckt bleiben. Trotzdem versuchen wir, den Oberkörper aufrecht zu halten.
16 × im Marschtempo.

4. So können wir eine müde Haltung wieder aufrichten:
Stellen wir uns jetzt mit geschlossenen Beinen auf, die Arme parallel nach vorn in Schulterhöhe ausgestreckt. Mit einem kurzen Ruck schlagen wir die gestreckten Arme über unten an den Hüften vorbei nach rückwärts, und gleichzeitig drücken wir das Brustbein nach vorn oben. Wir dürfen also nicht in den Schultern nach vorn nachgeben, wenn die Arme nach rückwärts schlagen. Die Beine bleiben gestreckt.
8 × im Marschtempo.

5. Eine wirkungsvolle Dehnübung ist auch diese:
Diesmal müssen wir wieder mit gespreizten Beinen stehen. Den linken Arm strecken wir zur Decke aus und fassen das linke Handgelenk mit der rechten Hand. Nun ziehen wir mit der rechten Hand nicht nur den linken gestreckten Arm, sondern auch den ganzen Oberkörper nach rechts zur Seite, wobei der Oberkörper immer aufgeklappt bleibt und der Kopf nicht aus den Armen herausrutschen soll. In dieser Haltung federn wir kräftig nach und achten darauf, daß die Hüfte sich nicht bewegt. Dann faßt die linke Hand das rechte Handgelenk, und wir üben zur anderen Seite. Der Kopf darf nicht auf die Brust sinken, und die Achselhöhlen müssen immer ganz flach bleiben!
16 × im Walzertempo, beide Seiten.

6. Eine Lockerungsübung, die Sie öfter am Tag ausüben sollten: Wir sitzen im Schneidersitz mit gekreuzten Unterschenkeln und versuchen, sehr gerade zu sitzen. Die Hände legen wir einfach auf die Knie. In dieser Haltung wollen wir nun die Schultern bis zu den Ohren hinaufziehen und sie mit einem Ruck wieder fallen lassen. Beim Senken der Schultern sollen Sie aber bitte nicht gleichzeitig im Mittelkörper einsinken. Die gerade Haltung versuchen wir durchzuhalten!
Versuchen Sie, diese Übung in schnellem Tempo ungefähr 30-mal! Sie werden anschließend die angenehme Wirkung sofort erkennen. So können Sie sogar Kopfschmerzen eventuell beseitigen.

7. Müde Schultern werden so wieder lebendig:
Der Schneidersitz ist wieder Ausgangsstellung. Legen Sie Ihre Fingerspitzen auf die Schultern und drehen Sie die Ellbogen nach vorn. Dann führen Sie die Ellbogen nach oben, daß sie genau zur Decke zeigen, öffnen sie, als ob sie sich rückwärts begegnen wollten, und senken sie wieder nach unten, um sie wieder nach vorn zu führen. Die Ellbogen beschreiben also einen großen Kreis. Wichtig dabei ist aber, daß die Ellbogen wirklich genau nach oben zeigen, bevor sie nach rückwärts geführt werden. Wenn sich die Ellbogen nach rückwärts öffnen, drängen Sie bitte gleichzeitig das Brustbein nach oben, so daß sich der Oberkörper ganz lang aufrichtet!
16 × im langsamen Dreierrhythmus.

8. Eine ganz wunderbare Übung für die gute Haltung, klingt eigentlich ganz einfach, ist aber – ordentlich durchgeführt – ziemlich mühsam:
Wir sitzen im Schneidersitz, die Arme sind zur Decke ausgestreckt und der Kopf locker zurückgelegt. Nun ziehen wir abwechselnd einmal den rechten, einmal den linken Arm lang zur Decke und drücken gleichzeitig das Brustbein übertrieben nach oben. Der Rücken ist also immer durchgedrückt. Wir schauen nach oben zu den Händen. Aber bitte nicht nach oben schielen! Der Kopf liegt locker im Nacken.
16 × im Marschtempo.

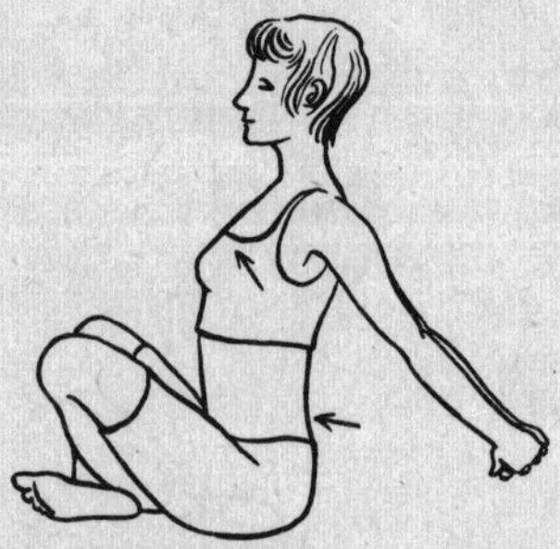

9. Wer lange sitzend seine Arbeit verrichten muß, wird mit der nächsten Übung Erleichterung finden:
Wir sitzen im Schneidersitz und falten die Hände hinter dem Rücken. Nun strecken wir die Arme, ziehen die Schultern zurück und drücken gleichzeitig das Brustbein stark nach vorne. Wir versuchen, die gestreckten Arme rückwärts so hochzuziehen, wie wir gerade sitzenbleiben können. Der Rücken versucht dabei, ein ›Hohlkreuz‹ zu bilden. Dann können wir wieder Arme und Oberkörper entspannen.
8 × in langsamen 4 Zeiten.

10. Mit dieser Dehnübung sammeln wir Kraft für die richtige Oberkörperhaltung:
Immer noch im Schneidersitz sitzend, falten wir die Hände vor dem Körper und drehen die so gefalteten Hände mit den Handflächen nach oben. Jetzt strecken wir die Ellbogen und drücken die Handflächen zur Decke. Der Kopf liegt im Nacken, und die Achselhöhlen müssen ganz flach sein. Natürlich müssen wir gleichzeitig den Rücken stark durchdrücken. Dann wieder Arme und Oberkörper entspannen. Beim Strecken einatmen, und beim Entspannen ausatmen.
8 × in jeweils langsamen 4 Zeiten.

11. Hausfrauen und Handwerker tun ihren Händen viel Gutes mit folgender Übung:
Wir sitzen wieder im Schneidersitz und haben die Arme genau in Schulterhöhe ausgebreitet. Die Ellbogen sind gestreckt und die Hände im rechten Winkel vom Handgelenk aus nach oben abgewinkelt. Nun müssen die Finger aber ganz gestreckt bleiben, wenn wir versuchen, den Winkel am Handgelenk immer spitzer zu ziehen, ohne dabei die Ellbogen zu beugen. Achten Sie auf eine ganz gerade Oberkörperhaltung! Heranziehen und locker lassen.
16 × im Walzertempo.

12. Hier stärken wir die Oberarme:
Wir bleiben noch im Schneidersitz, die Arme in Schulterhöhe seitwärts ausgebreitet. Die Arme sind jetzt bis über die Fingerspitzen hinaus fest gestreckt. Wenn wir nun mit den gestreckten Armen blitzschnelle Trichterkreise ausführen, versuchen wir, den Oberkörper übertrieben aufzurichten und das Brustbein nach oben zu drängen.
32 × in sehr schnellem Tempo.

13. Eine ausgezeichnete Übung für die Brustmuskulatur wird die Damen interessieren:
Im Schneidersitz sitzend legen wir die Handflächen gegeneinander und drehen so die Fingerspitzen zur Brust, wobei wir darauf achten müssen, daß die Ellbogen etwas höher als die Hände sind. Nun drücken wir mit viel Kraft die Handflächen gegeneinander und gleichzeitig das Brustbein nach oben. Wir zählen langsam bis 4 und entspannen wieder.
8 × in langsamen 4 Zeiten.

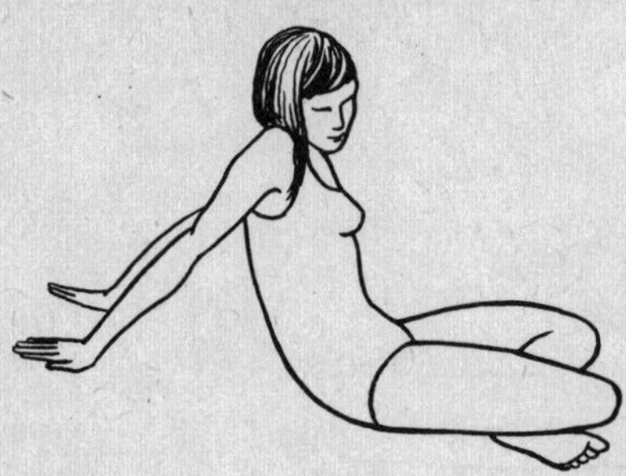

14. Das wäre eine Übung gegen verspannten Nacken:
Wir sitzen wieder im Schneidersitz. Die Hände stützen wir rückwärts auf den Boden, und zwar ziemlich weit zurück, daß der Rücken ganz rund durchhängen kann. Das rechte Ohr ist zur rechten Schulter heruntergeneigt. Nun rollen wir den Kopf über rückwärts in einem Halbkreis, bis das linke Ohr die linke Schulter berührt – und auf die gleiche Weise wieder zurück nach rechts. Stellen Sie sich dabei vor, daß Ihre Haare am Boden entlang schleifen sollen (was sicher nicht bei jeder Frisur möglich ist). Wenn der Kopf über rückwärts rollt, drücken Sie das Brustbein nach oben zur Decke und drehen die Schultern nach hinten. Ist der Kopf auf der Seite, entspannen Sie wieder den Mittelkörper. Falls Sie im Hals dabei knirschende Geräusche hören – haben Sie keine Angst! Das ist nur ein Zeichen dafür, daß Sie diese Übung recht oft machen sollten.
8 × hin- und herrollen im langsamen Dreiertakt.

15. Ihrem strapazierten Nacken können Sie hiermit Erleichterung schaffen:
Diesmal sitzen wir mit gestreckten und geschlossenen Beinen. Die Hände sind gefaltet und die Handflächen nach oben gedreht. Nun strecken wir die Arme nach oben, wobei wir den Kopf weit in den Nacken legen. In dieser Haltung schwingen wir den Oberkörper weit abwechselnd vor- und rückwärts. Einmal schwingen die Arme über die Fußspitzen hinaus nach vorn, und einmal fliegen Arme und Schultern im Sitzen soweit nach rückwärts, wie es nur geht. Die Ellbogen bleiben immer gestreckt, und der Kopf liegt immer im Nacken. Natürlich bleiben die Knie gestreckt.
16 × in schnellem Dreiertakt.

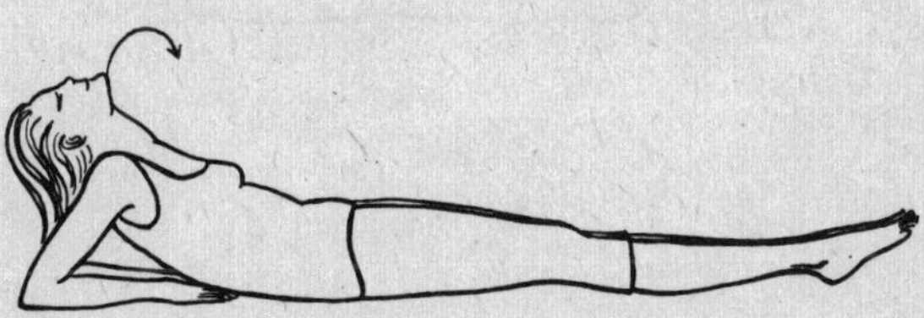

16. Hiermit sagen wir dem Doppelkinn den Kampf an:
Wir sitzen mit gestreckten und geschlossenen Beinen und stützen die Ellbogen weit zurück auf dem Boden auf. Die Hände liegen parallel mit den Handflächen auf dem Boden. Der Kopf liegt zurück im Nacken. Nun führen wir das Kinn in großem Bogen über oben bis auf die Brust und lassen den Kopf dann wieder locker in den Nacken fallen. Das Körpergewicht bleibt immer schwer auf den Unterarmen. Wichtig ist nur, daß der Bogen, den das Kinn zieht, sehr stark über oben geführt wird.
8 × in langsamen 4 Zeiten.

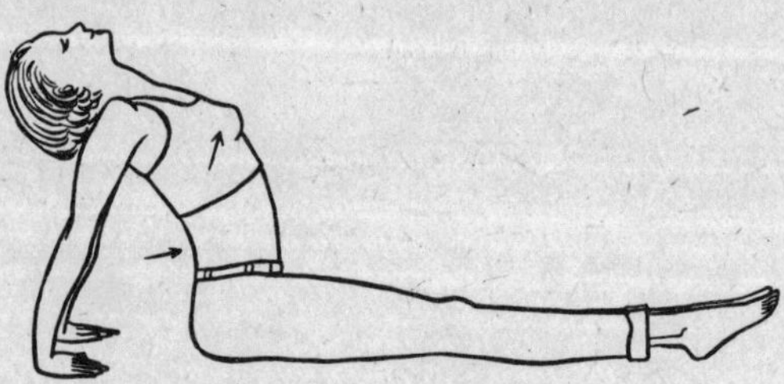

17. Die nächste Übung wird Ihnen wahrscheinlich nicht sofort gelingen, doch sollten Sie nicht aufgeben:
Wir sitzen wieder mit gestreckten und geschlossenen Beinen, die Ellbogen weit nach rückwärts auf dem Boden aufgestützt. Die Handflächen liegen parallel auf dem Boden. Der Kopf ist locker nach rückwärts gelegt. Aus dieser Haltung heraus drükken wir das Brustbein stark zur Decke und kommen so mit einem ›Hohlkreuz‹ zum Sitzen. Dann gehen wir wieder in die Ausgangsstellung zurück. Diese Übung hat aber wirklich nur Sinn, wenn die Schultern immer zurückgebogen bleiben, der Kopf locker im Nacken hängt und die Kraft ausschließlich aus der Rückenmuskulatur geholt wird. Am Anfang können Sie ein bißchen nachhelfen, indem Sie die Hände gegen den Boden drücken.
4 × in langsamen 4 Zeiten.

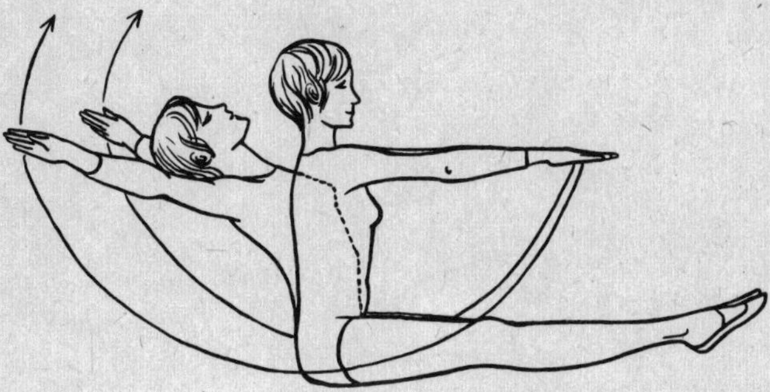

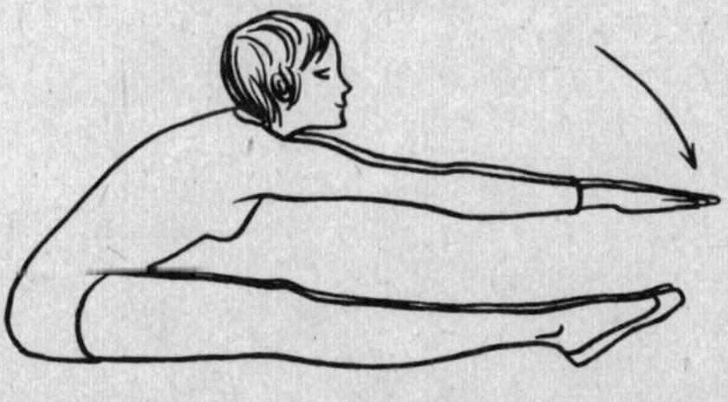

18. Zur Lockerung des ganzen Schultergürtels:
Wir setzen uns mit gestreckten und geschlossenen Beinen auf den Boden, die Arme strecken wir in Schulterhöhe nach vorn aus. Nun holen wir mit den Armen im Schwung weit aus (die Arme schwingen über unten, rück, oben), indem wir gleichzeitig den Kopf in den Nacken werfen, und schwingen Oberkörper und Arme weiter nach vorn, daß die Hände weit über die Fußspitzen reichen. Bevor wir den nächsten Schwung ausführen, richten wir uns erst wieder in die Ausgangsstellung auf. Die ganze Schulterpartie soll dabei ganz locker bleiben, die Kraft für den Schwung soll ausschließlich aus dem Mittelkörper kommen. Die Knie bleiben natürlich gestreckt!
8 × im Dreiertakt.

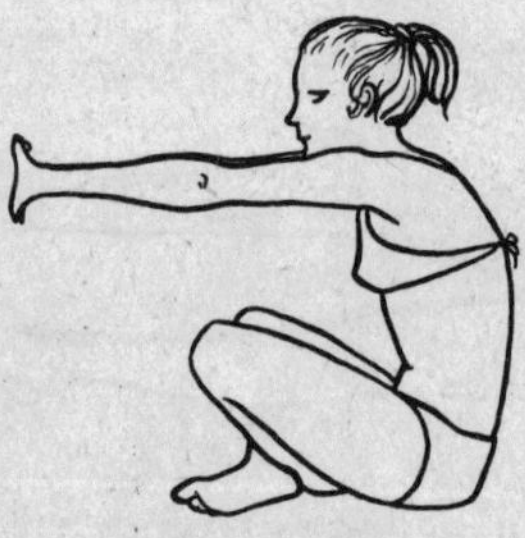

19. Damit unsere Wirbelsäule elastisch bleibt, probieren Sie einmal dies:
Wir sitzen im Schneidersitz und strecken die Arme zur Decke. Die Hände fassen wir. Wenn wir nun die Arme nach hinten werfen, drücken wir gleichzeitig das Brustbein stark nach vorn. Der Impuls vom Brustbein aus ist ausschlaggebend! Holen Sie zwischendurch weit aus, indem Sie einen Buckel machen, damit Sie viel Schwung haben. Der Kopf bleibt immer unbeweglich.
16 × im Dreiertempo.

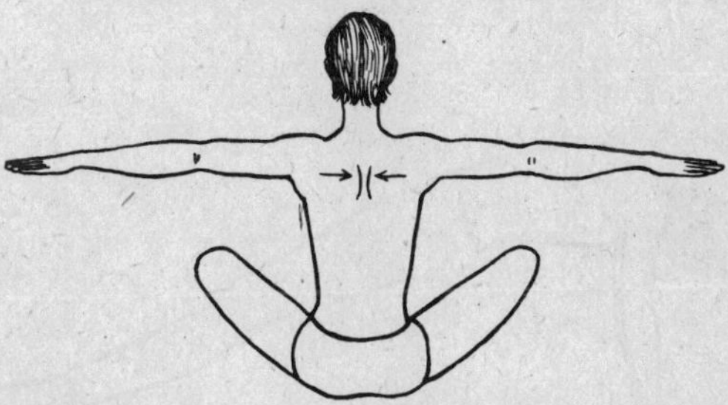

20. Überanstrengten Schultern können Sie so helfen:
Wir sitzen wieder mal im Schneidersitz und haben die Arme in Schulterhöhe seitwärts ausgestreckt. Wenn wir nun geradeaus schauen, müßten wir eigentlich aus den Augenwinkeln noch beide Hände sehen können! Achten Sie darauf, daß Ihre Hände immer so im Blickfeld bleiben. Jetzt ziehen wir die Schulterblätter rückwärts zusammen bei ganz gestreckten Ellbogen. Dabei müssen wir mit dem Brustbein nach oben ausweichen. Dann ziehen wir wieder die Schulterblätter weit auseinander. Die Arme weichen aber bitte nie nach hinten aus!
8 × abwechselnd im Marschtempo.

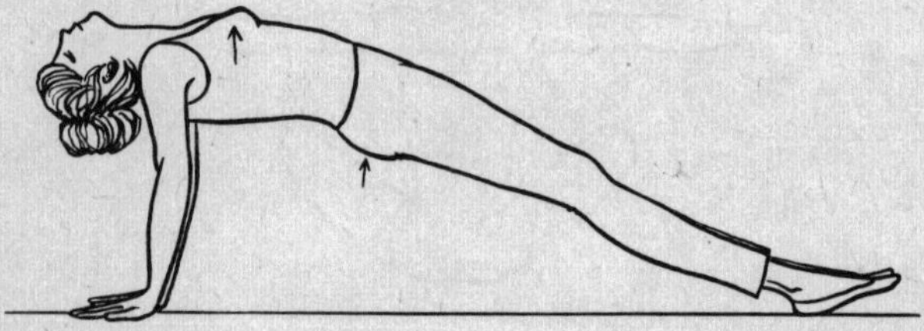

21. Zwischendurch einmal wieder eine Kraftübung:
Wir sitzen mit geschlossenen und gestreckten Beinen und haben die Hände rückwärts auf dem Boden aufgestützt. Jetzt biegen wir die Schultern weit zurück, legen den Kopf in den Nacken und heben das Becken hoch vom Boden auf. Gleichzeitig drükken wir das Brustbein stark zur Decke. Die Beine bleiben immer gestreckt. Dann wieder in die Ausgangsstellung zurück. Lassen Sie während der Übung nicht in den Schultern nach, denn sonst haben Sie nicht genügend Kraft dazu.
8 × in langsamen 4 Zeiten.

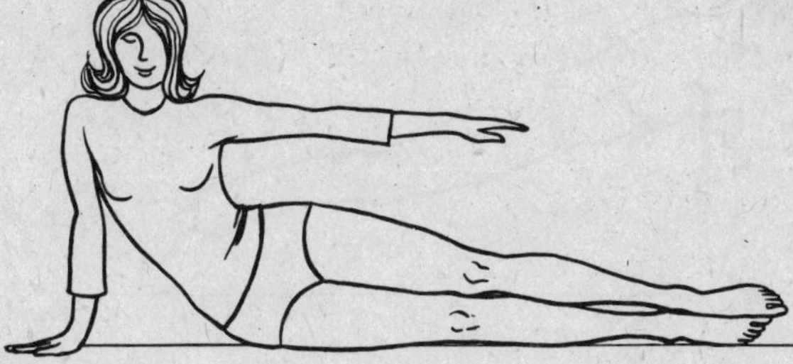

22. Und hier wieder eine Übung für Fortgeschrittene:
Im Seitsitz stützen wir die eine Hand genau unter der Schulter auf dem Boden auf, der andere Arm ist seitwärts in Schulterhöhe ausgestreckt. Jetzt drücken Sie den aufgestützten gestreckten Arm von der Schulter her gegen den Boden und heben das Becken seitwärts vom Boden ab. Den anderen Arm führen wir über oben über den Kopf. Dabei müssen wir darauf achten, daß Becken- und Bauchmuskulatur fest angespannt bleiben und die Beine gestreckt sind. Wieder in die Ausgangsstellung zurück. Diese Übung gelingt Ihnen nur, wenn Sie den Ansatz zur Bewegung aus der Schulter geben.
4 × in langsamen 4 Zeiten und dann auf der anderen Seite üben.

23. Eine bewährte Übung für die Schulterkraft:
Die Ausgangsstellung ist der Liegestütz. Die Beine sind geschlossen, die Fußspitzen aufgestellt, und die Hände sind genau unter den Schultern auf dem Boden aufgestützt. Von den Fersen bis zu den Schultern bilden wir eine gestreckte Linie. Also bitte nicht das Becken durchhängen lassen oder es zur Decke hochdrücken! Nun führen wir den rechten Arm über die Seite zur Decke und verfolgen die Hand mit dem Blick. Wieder zurück in die Ausgangsstellung und mit dem linken Arm über die Seite nach oben. Der Arm, der am Boden bleibt, drückt aus der Schulter heraus den Körper vom Boden weg.
8 × abwechselnd im Marschtempo.

24. Nicht nur für gute Haltung, sondern vor allem für straffe Brustmuskulatur sorgt folgende Übung:
Wir liegen auf dem Bauch, die Beine sind gestreckt nebeneinander, und die Fußspitzen sind aufgestellt. Die Hände stützen wir genau unter den Schultern auf dem Boden auf. Bei 1 strekken wir die Ellbogen, so daß sich der Oberkörper vom Boden abhebt, bei 2 heben wir zusätzlich das Becken vom Boden ab (bei gestreckten Knien!), Becken- und Bauchmuskeln sind fest angespannt, so daß von den Fersen bis zur Schulter eine gerade Linie gebildet wird. Bei 3 und 4 schauen wir nach unten und beugen langsam die Ellbogen an, daß die Brust zuerst den Boden wieder berührt. Drehen Sie die Ellbogen am besten nach außen, dann haben Sie mehr Kraft in den Schultern, bis wir wieder flach auf dem Boden liegen.
4 × in langsamen 4 Zeiten genügt für den Anfang.

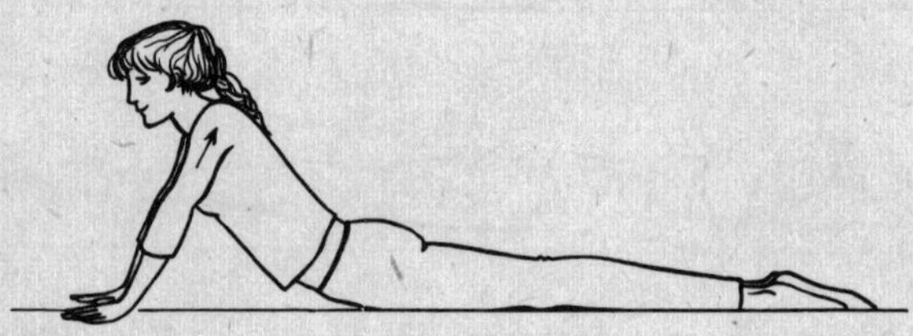

25. Vertreiben Sie die Müdigkeit aus Ihrem Nacken:
Wir liegen auf dem Bauch und stützen die Hände unter den Schultern auf dem Boden auf. Nun strecken wir die Ellbogen, daß der Oberkörper vom Boden abgehoben wird. Dies ist die Ausgangsstellung. In dieser Haltung drücken wir nun die Schultern abwechselnd nach vorn und zurück, wobei wir ganz bestimmt darauf achten müssen, daß die Ellbogen immer gestreckt bleiben.
Machen Sie die Übung so oft, wie Sie sie fertigbringen. Im Marschtempo.

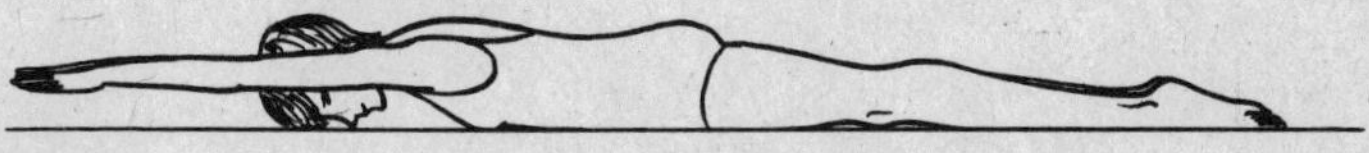

26. Für die richtige Kopfhaltung empfehle ich Ihnen dieses Training:
Auf dem Bauch liegend halten wir die Hände unter dem Kinn parat wie beim Brustschwimmen. Wir wollen auch wirklich schwimmen. Bei 1 strecken wir die Arme nach vorn über dem Boden aus, wobei wir die Stirn zum Boden senken. Bei 2 öffnen wir die Arme weit zur Seite und heben gleichzeitig den Oberkörper so weit wie nur irgend möglich vom Boden ab. Die Beine bleiben immer gestreckt und geschlossen am Boden. Bei 1 atmen wir aus, und bei 2 atmen wir ein!
16 × in schnellem Dreierrhythmus.

27. Nach längerer Fahrt sei zum Ausgleich jedem Autofahrer folgende Übung empfohlen:
Wir liegen auf dem Bauch und haben die Hände hinter dem Rücken gefaltet. Die Beine sind gestreckt und geschlossen. Mit dem Einatmen strecken wir die Ellbogen, biegen die Schultern zurück und ziehen die Hände an den Oberschenkeln entlang rückwärts bis (im Idealfall!) in die Nähe der Kniekehlen. Gleichzeitig drücken wir die Leisten fest gegen den Boden. Die Füße müßten aber dabei am Boden bleiben. Mit dem Ausatmen entspannen wir wieder Arme und Oberkörper.
8 × in langsamen 4 Zeiten.

28. Bei ›lahmem Kreuz‹ ist sehr erholsam:
Wir knien und haben die Hände vorn auf dem Boden aufgestützt – etwas weiter vorn, als es bequem ist! Die Fingerspitzen sind zueinander gedreht und berühren sich gegenseitig. Nun senken wir beide Ellbogen gleichzeitig zum Boden und drücken dabei die Brust in Richtung Knie nach unten. Dann strecken wir die Ellbogen wieder gemeinsam. Bitte nicht die Ellbogen nacheinander auf den Boden senken, dann wäre die Übung falsch ausgeführt!
8 × in nicht zu schnellem Marschtempo.

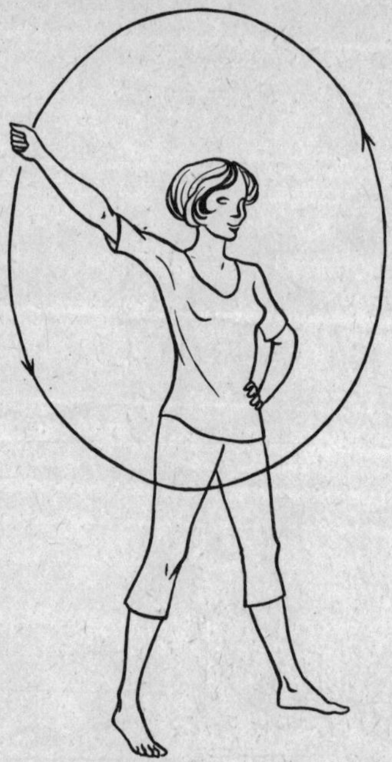

29. Verspannte Schultern lockern wir so:
Wir stellen uns mit gespreizten Beinen auf. Die linke Hand stützen wir in der Taille ein, und den rechten Arm strecken wir in Schulterhöhe nach vorne aus. Ballen Sie Ihre rechte Hand zur Faust! Jetzt lassen wir den rechten Arm neben dem Körper in schnellem Tempo kreisen. Die Bewegung geht also von vorn nach oben über hinten und unten. Dabei müssen wir für festen Stand sorgen. Durch das schnelle Kreisen staut sich einen Moment das Blut in der Hand. Halten Sie nach der Übung diesen Arm eine kurze Zeit nach oben, und schütteln Sie dabei die Hand, dann hört das Kribbeln auf.
16 × so schnell Sie können, und dann mit dem anderen Arm üben.

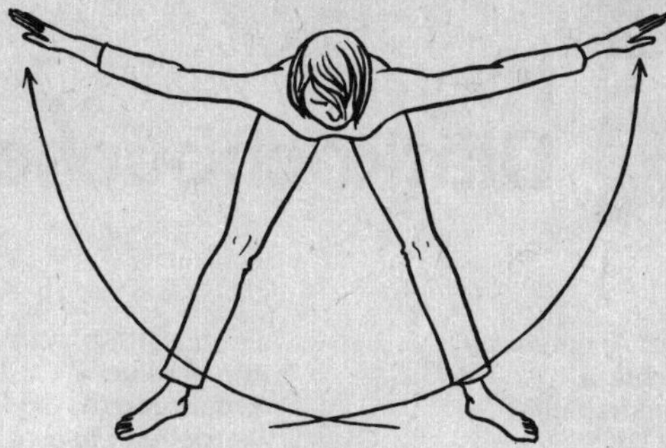

30. Zuletzt noch eine Entspannungsübung für Schultern, Kopf und Arme:
Wir stehen mit gespreizten Beinen, die Arme seitwärts in Schulterhöhe ausgebreitet. Nun lassen wir den Oberkörper locker nach vorn fallen und schwingen die Arme einmal kreuzend, einmal öffnend, wobei die Hände jedesmal über dem Boden schleifen. Der Oberkörper richtet sich gar nicht mehr ganz auf, sondern federt locker nach unten. Jedesmal, wenn er nach unten federt, atmen wir aus, als ob wir eine Kerze auspusten. Der Kopf hängt dabei ganz locker, als ob er nur noch an einem Fädchen hinge! Damit wir nicht umfallen, bleiben die Knie gestreckt.
16 × im flotten Walzerrhythmus.

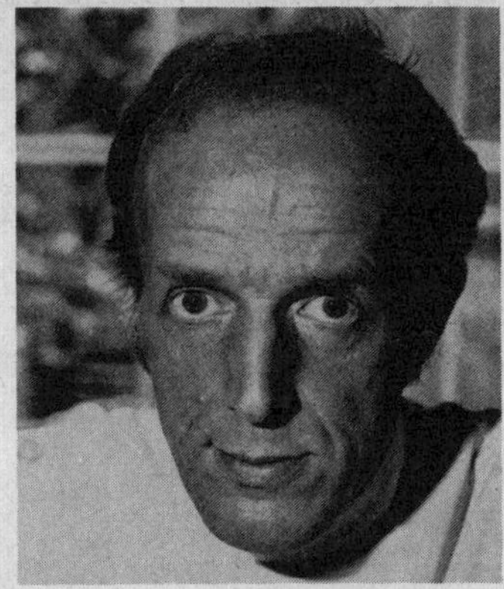

Manfred KÖHNLECHNER

dieser Name ist wie kein anderer mit einer ungewöhnlichen Richtung der Medizin verbunden: Die Erfahrungen der Vergangenheit und das Wissen der Gegenwart werden von ihm zu den Heilmethoden der Zukunft geformt.

Das Manfred-Köhnlechner-Institut für Erfahrungsmedizin informiert in einer 10bändigen Heyne-Taschenbuchedition über die wichtigsten Tatsachen dieser neuen Methoden. In dieser Reihe werden erscheinen:

„Erfolgsmethoden bei Kopfschmerz – Durchblutungsstörungen – Herz und Kreislaufbeschwerden – Erkrankungen der Haut – Wirbelsäulenschäden – Asthma – Frauenleiden – rheumatischen Beschwerden – Galle-, Leber- und Magenkrankheiten – Sexualproblemen".

Wilhelm Heyne Verlag · 8 München 2 · Türkenstr. 5–7